中国博士后科学基金面上第 53 批面上

资助项目："制度伦理视角下现代大学制度的反思与建构"

（项目编号：2013M531642）

制度伦理视角下的现代大学

现代大学

制度研究

蒋馨岚 著

A Research on the Ethic of the
Modern University System

中国社会科学出版社

图书在版编目（CIP）数据

制度伦理视角下的现代大学制度研究/蒋馨岚著．—北京：中国社会科学出版社，2016.7

ISBN 978 - 7 - 5161 - 8070 - 9

Ⅰ.①制…　Ⅱ.①蒋…　Ⅲ.①高等教育—教育制度—研究—中国　Ⅳ.①G649.22

中国版本图书馆 CIP 数据核字（2016）第 084400 号

出 版 人	赵剑英
责任编辑	刘晓红
责任校对	周晓东
责任印制	戴　宽

出　　版	中国社会科学出版社
社　　址	北京鼓楼西大街甲 158 号
邮　　编	100720
网　　址	http：//www.csspw.cn
发 行 部	010 - 84083685
门 市 部	010 - 84029450
经　　销	新华书店及其他书店

印刷装订	北京君升印刷有限公司
版　　次	2016 年 7 月第 1 版
印　　次	2016 年 7 月第 1 次印刷

开　　本	710 × 1000　1/16
印　　张	13.5
插　　页	2
字　　数	201 千字
定　　价	52.00 元

凡购买中国社会科学出版社图书，如有质量问题请与本社营销中心联系调换
电话：010 - 84083683

目　　录

第一章　绪论

目前，提高教育质量已经成为我国教育发展的重要战略，2010年颁布的《国家中长期教育改革和发展规划纲要（2010—2020年）》（以下简称《教育规划纲要》）中将教育战略明确为提高质量，十八届五中全会同样将提升质量作为教育发展的核心。提升高等教育质量有赖于建立现代大学制度。《教育规划纲要》中明确提出要建立现代大学制度，如何建立现代大学制度也就成为高教学术界和高教实践中的重要命题。建立大学章程、削减审批权限、扩大办学自主权、推进管办评分离等举措预示着现代大学制度建设在推进大学现代化进程中价值凸显。在这个过程中需要对现代大学制度本身从多角度进行研究，从制度伦理层面深入分析有助于深入把握现代大学的本质，因为制度伦理在现代大学制度建设中具有伦理价值和精神指引作用。

第一节　问题的缘起

近年来，我国高等教育在从传统的管理走向治理体系和治理能力现代化的同时，大学内部存在的教育腐败、学术腐败、论文造假、权学交易、钱学交易等诸多问题频频发生。如高校领导违纪情况。根据中央纪委监察部网站公布的数据，2015年以来共通报了34所高校的53名领导。截至2015年12月31日，据公开信息显示，已有11人被"双开"，6人受到党内警告处分，另有8人受到党内严重警告处分，16人正接受组织调查。① 又如大学自主招生方面问题。中国人民大学招生就业处原处长蔡荣生涉嫌利用职务便利，在特殊类型招生过程中为考生提供"帮助"，收受贿赂1000余万元就是有力例证。其实，不管是被坊间戏称为"自主腐败"的"自主招生"，抑或是被称为"点招"的"指名录取"，一旦失去监督，便可能成为滋生腐败的权力基础，演变为高校招生中的交易筹码。科研经费方面的腐败问题也不容小觑，"科研经费管理使用混乱，违规现象突出，存在腐败风险。"这是2014年7月7日中央巡视组对复旦大学的巡视反馈意见。"吃喝拉撒睡，全都靠经费。"西安理工大学原校长、党委副书记刘丁，利用科研经费吃回扣购买豪车，更是暴露出了高校人员"吃"科研经费的"潜规则"。被媒体称"可能创造了贪污科研经费新纪录"的浙江大学水环境研究院原院长陈英旭，授意其博士生以开具虚假发票、编造虚假合同、编制虚假账目等手段，将近千万元的专项科研经费套取或者变现非法占为己有。据统计，中国的科研投入每年已超过1.2万亿元，其中，国家投入在5000亿元以上。但现实是，项目一到手，一些课题负责人就蜕变成了"项目老板"，科研经费就成了"唐僧肉"，任他们宰割：有利用购置科研设备拿回扣的；有直接用来购买私有汽车、房屋的；有为自己购买高价保险的；至于用于旅游和吃喝拉撒等日常开销，则更属家常便饭。这些问题导致了以"象牙塔"为隐喻和以学术为标志的大学受到了诸多非议，需要我们从制度本身对大学制度进行反思。因此，我国有学者指出"大学庸俗化"、"大学有问题"。② 于是，许多学者已经开始"追根溯源"。事实上，当个人失范行为大量出现或者普遍存在的时候，问题的关键就可能不在于个体，而是约束个人行为的制度体系产生了缺陷，导致大学系统中出现众多逾越制度规范的失范现象出现。

---

① 《2015高校反腐数据：平均每周一名校领导被通报》，新华网，2016年1月2日，http：//www.china.com.cn/shehui/2016-01/02/content_ 37440243. htm，2016年1月5日。

② 转引自眭依凡《大学庸俗化批判》，《北京大学教育评论》2003年第3期；熊丙奇：《大学有问题》，四川出版集团2004年版。

现在学术界在反思和研究的大学运行过程中的大学行政化问题使得人们对大学产生了质疑，本该是研究高深学问的地方成了"衙门"，使得大学偏离了大学的学术本质，导致大学理念的迷失。在大学治理现代化进程中，有着"大学宪法"之称的大学章程虽然制定出来且被核准了，但是存在诸多问题，如一些学校的章程内容不能体现学校的特色、制定章程以后没有按照章程运行等。这些问题的核心在于大学制度的不健全，大学制度的核心如公正、自由、民主等制度本身应有的东西没有得到充分体现，或者说我们没有从制度的伦理本身对大学制度进行反思。

此外，大学校园学生的投毒案、大学生不尊重生命、漠视生命、虐待小动物的恶性事件、大学生伦理道德缺失等现象也折射出大学制度的缺失。这些普遍性的"大学问题"从根本上来说就是现代大学制度伦理问题。

从目前我国高等教育发展新时期的任务来看，需要建立现代大学制度，关注大学制度本身的伦理，这是为了使我国大学摆脱平庸，走上快速崛起之路，赶超高等教育发达国家的路径。所以，也可以说，建设现代大学制度，是我国大学提高教育质量的手段。[①]因此，对现代大学制度进行本身伦理研究就显得尤为重要。在我国，目前围绕现代大学制度的研究，成果颇丰，教育学、法学、经济学、管理学、社会学和哲学等不同学科的专家学者也纷纷从各自的角度对我国当前现代大学制度进行了较为全面的阐述。因此，现代大学制度话题在当今已经成为一个研究热点问题。然而一个问题成为热点理论问题未必就是件好消息，因为每一个热点理论问题基本上都是社会现实矛盾问题激化到一定程度的折射和反映。现代大学制度成为热点理论问题，恰恰说明了我们的大学和大学制度可能出了问题。

罗尔斯曾明确指出："一个人的职责和义务预先假定了一种对

① 别敦荣：《现代大学制度建设必须服务于全面提高高等教育质量》，《大学》（学术版）2012年第1期。

制度的道德观，因此，在对个人的要求能够提出之前，必须确定正义制度的内容。这就是说，在大多数情况里，有关职责和义务的原则在制度的原则确定之后再确定。"① 这就是制度伦理对个体道德的优先性。当然，也有部分学者敏锐地认识到问题的关键在于"体制、制度"②，并倡导大学制度要改革，提出要建立现代大学制度。但从已有研究来看，有研究者常常从与欧美国家大学制度的比较中，来看待我国大学制度的缺失，着重探讨应该从形式上如何完善，应当建立哪些制度。制度的形式固然重要，但我们认为，比形式更重要的是制度的本质。如果只具有欧美国家大学制度的形式，缺少能够解决我国高等教育根本问题的精神灵魂，这种现代大学制度不是我们所需要的。所以，现代大学制度建设应当关注大学制度的本质，将本质与形式结合起来。在大学制度的本质研究中，关于现代大学制度伦理是一个十分重要的内容。在中国语境下的现代大学制度伦理问题是现代大学的核心价值，因为大学制度的根本目的在于维护大学的学术本质。由于受非学术因素的干扰，长期以来，学术价值在我国大学没有被放在应有的地位，大学制度没有成为维护和保障大学学术的手段。相反，还成为遮蔽学术价值的工具。因此，现代大学制度建设应当关注伦理问题，我们所建立的现代大学制度应当具有大学精神，反映现代大学本质的要求。

那么，目前我国现代大学制度的现状如何呢？毋庸置疑，经过多年不懈探索，我国现代大学制度建设取得了巨大的成就。无论是理论层面上对现代大学制度内涵、大学理念与大学制度等问题的有益研究，还是实践中教师聘任制度的改革、大学章程的逐步制定和完善等，都表明了我国现代大学制度建设正迈上一个新的台阶。然而，其中的问题也显而易见：过于注重制度的技术性和可操作性，而忽略了对制度伦理价值的挖掘和审视，忽略了对制度本身的价值

① ［美］罗尔斯著：《正义论》，何怀宏等译，中国社会科学出版社1988年版。
② 熊丙奇的《大学问题高端访问：体制迷墙》（天地出版社2005年版）较为全面地归纳了大学办学过程中存在的严重体制与制度弊端。

引导和伦理规范，导致现代大学制度伦理危机，大学组织的创新和发展面临巨大挑战。所以探讨现代制度的伦理价值追求，对于现代大学制度的构建是必须的，也是十分必要的。

由此可见，探讨现代大学制度的价值内涵及其伦理基础，并对现代大学制度的实践进行伦理审视，成为促进大学组织健康运行、推动大学学术繁荣和健全我国现代大学制度构建的重要课题。有鉴于此，本书针对目前我国现代大学制度研究中伦理维度忽视、管理实践中制度的公正性、合法性和理性缺失的现实，以伦理角度为切入点、制度伦理理论为分析框架，从宏观上对现代大学制度进行伦理审视。并且，本书立足于我国当前高等教育发展的新时期建设的实践，力图从伦理这一镜头来审视我国现代大学制度建设的全景，通过对普遍意义上的现代大学制度伦理问题的深层次挖掘，希望能够提高对现代大学制度伦理价值诉求的理性认识和伦理评价，彰显先进的现代大学制度伦理精神，促进大学组织的繁荣与发展。

第二节 研究意义

一 理论意义

现代大学制度伦理研究还是一个较少有人集中系统研究的领域，亦是一个跨学科的综合研究领域。它涉及诸如高等教育学、伦理学、政治哲学、社会学、管理学等多个学科领域的知识，无论对高等教育学还是对伦理学来说，它都是一个前沿地带。因此，可以说本书将丰富和充实应用伦理学的研究。现代大学制度伦理研究，不仅是一个我国高等教育改革中面临的实践问题，更是一个基础性的理论问题。本书试图从制度伦理的视角分析现代大学制度伦理演进过程，勾勒出现代大学制度的形成和变化的轨迹，进而分析制度伦理在现代大学制度形成和运行过程中的重要作用和意义。通过研究现代大学制度伦理而产生的新知识，对于丰富高等教育学和伦理学理论内容具有理论意义。从总体上来看，制度伦理属于应用伦理学，它是管理伦理学重点研究的一个部分。从制度伦理的视角来研究现代大学制度，将会使高等教育学学科更加丰富、更加趋于成熟和完善。从这个意义上来讲，现代大学制度伦理研究在性质上属于高等教育学的一种基本理论研究，因此本书在理论方面有着重要意义。

二 实践意义

现代大学制度的研究是中国高等教育改革和发展的重要内容。从制度伦理的视角来研究现代大学制度，剖析现代大学制度建设过程中的问题，对于我国高等教育的改革发展具有很强的现实针对性。因为，制度伦理对于制度的建立、设计、变革与创新的重要意义是不言而喻的。现代大学制度伦理研究不仅使大学制度朝着一种既注重内在实质的合理性又注重外在形式的合理性的方向发展，而且使现代大学制度在实践中有更为深刻的基础。我国现代大学制度实践中的不尽如人意，说明了现代大学制度建设中的某种不完善性。诚然，任何时候都不可能有绝对完善的制度，所有的制度设计都是由人设计的一种"人为"的制度，而人的认识能力总是有限的。因此，所设计的制度也就必然有其局限性。当然，如果我们是理性的，我们将会知道，即使再完美的制度设计也不可能穷尽高等教育领域的所有问题，尤其是难以解决高等教育发展中的问题。但是，这却不能成为我们拒绝追寻完善制度的理由。应该说，任何制度都不是万能的，但没有制度却是万万不能的，而问题的关键在于要看是什么样的制度。尤其是现代社会，在市场经济、法制社会的背景下，伦理将由原来的重个体伦理转为重公共伦理。"对制度的道德评价和选择优先于对个人的道德评价与选择，人们总是首先选择用于制度的根本道德选择，然后选择用于个人的道德准则。或者可以这样说：如果制度结构不合理和不道德，那么，个人道德行为就不可能有多大作用；反之，如果制度结构合理和道德，那么，即使某些个体有不道德的行为，其社会危害也会受到抑制。"① 而且，

---

① 郏庭瑾：《教育管理伦理：一个新的研究领域》，《华东师范大学学报》（教育科学版）2005 年第 3 期。

随着高等教育实践范围的不断拓展，正涉及越来越多的伦理问题。比如，类似大学是否搞克隆人实验等科研道德问题，等等。所以，研究现代大学制度伦理可以使我们对实践中的现代大学制度活动在规范伦理和德性伦理上有一个清醒的认识，可以帮助我们理解和把握大学的伦理精神，改善不良高等教育之现状，重新树立大学在人们心目中的神圣形象。现代大学制度伦理本身的实践性，在帮助大学走出当前的伦理困境，解答诸如高等教育公平、公正、民主等诸多实践难题方面，无疑具有重要价值。

第三节　文献综述

制度伦理是行政哲学与行政伦理研究中的一项重要内容。制度伦理的研究在当前已经越来越引起大家的关注。随着研究的深入，制度伦理的研究已经进入到多个学科视野。在我国，教育伦理研究主要集中在三大领域：一是与教育哲学、教育人学结合在一起的探讨德育的道德教育哲学；二是着眼于研究教师的师德方面的研究；三是关于教育管理制度伦理方面的研究。这些研究多是以教师、学生的个体伦理为研究对象，涉及教育制度伦理的研究不多。最近随着我国高等教育改革的深入，现代大学制度的研究已经成为研究的热点，有关制度伦理的思想在现代大学制度的研究中有所体现，如高等教育管理制度伦理、高校招生考试伦理等，但是专门以现代大学制度伦理的研究却很有限，从目前收集到的资料来看，博士论文有《大学制度伦理反思》对大学制度的内容从实质伦理、形式伦理和主体伦理进行系统阐述，除此之外，只有一些探讨现代大学制度的价值取向、大学制度公正性、公平问题的文章散见于一些报刊。这方面的研究，国外学者比我们先行一步。国外的相关研究主要集中在教育制度管理伦理方面，并且已经深入诸如教育行政伦理、教育政策伦理、学校领导伦理等各种领域。国外专门探讨高等教育制度伦理方面的文献，多见于探讨高等教育公平、高校管理、高校与社区和政府关系方面的论著。

从上面叙述中可以看出，目前我国学术界对大学制度伦理的研究还很薄弱，无论是高等教育学者还是伦理学者对之关注都很不够。大学制度伦理研究之所以缺失，大概有两方面的原因：其一，制度问题比较敏感，属于一种有一定风险性的问题领域；其二，难度较大，需要跨学科的知识储备。所以，这就给研究这个较新而又复杂的问题，添加了很大的困难和挑战。但这个问题所具有的前沿性和重要性意义，促使我们进行这项研究。囿于笔者的学力有限，研究起来可能会力不从心。所以此项研究意在抛砖引玉，以吸引更多专家学者来关注这个问题。

根据研究内容和研究目的，大致可以将所收集到的相关文献分为四大类：第一类是有关制度伦理的相关研究，它们属于制度学和伦理学的范畴。笔者将这些学科的相关理论作为研究的间接理论基础，并主要借鉴其研究方法来研究现代大学制度。从收集到的文献来看，这方面的文献相对来说还比较多。第二类是教育制度伦理的相关研究，这方面的研究不是很多，只有一些从事教育伦理学研究的论著。此类研究是本书直接借鉴的理论基础。第三类是关于现代大学制度的研究，这方面的研究成果颇丰，主要包括阐释现代大学制度的概念内涵、理论基础、价值功能以及如何建立现代大学制度等。其中相当一部分博士论文，如华中科技大学的雷晓云（2002）、董云川（2002）、张俊宗（2003）、高桂娟（2003）、朴雪涛（2003）、马廷奇（2004）、吴国娟（2006），厦门大学的胡赤弟（2004）、王建华（2005）等博士关于现代大学制度的研究。他们从各角度对高等教育制度进行了比较深入的研究。第四类是关于现代大学制度伦理的研究，但是因为还没有学者将其研究直接指向现代大学制度伦理，这方面的文献材料非常少。鉴于此，笔者将一些间接关于高等教育制度伦理的研究，比如探讨高等教育伦理研究、大学制度伦理、现代大学制度公正等方面的研究作为高等教育制度伦理研究加以参考。

一 国内外有关制度伦理的相关研究

国外有关制度伦理思想的根源始于古希腊时期，以人性恶为基本前提，认为人性都是具有自私和侵略性的，人与人之间需要通过契约进行联结，否则会产生严重后果。柏拉图在《理想国》中提道："人性总是把人类拉向贪婪和自私，逃避痛苦而毫无理性地追求快乐。"① 因此，人类社会需要通过制度伦理设计使得社会有序运行。这种以人性恶为前提的西方伦理观念，主张通过制度和法制来治理国家，即"以恶制恶"。这种以人性恶为基础的制度理论在防止权力腐败和社会恶方面起到了积极作用。17 世纪，西方社会开始从传统向现代转型，与之相应的契约式的制度伦理开始发展，契约精神成为社会运行的基础，确定了社会个体的基本权利和财富分配遵循的准则，民主、自由、平等的思想也就成为伦理价值。尤其是1971 年，罗尔斯教授发表《正义论》，该书发表后立刻在世界范围内引起了巨大反响。在该书中，罗尔斯教授提出了"作为公平的正义"的正义观念，强调制度正义的重要意义，他认为正义是社会制度的首要价值。罗尔斯的《正义论》主要研究内容在于探讨正义的基本社会结构和制度的公正性和合理性，以及关于正义的原则问题。在对待自由与平等这两种基本价值问题上，他认为自由与平等是紧密相连的。没有平等的自由徒具自由的形式。像其他西方伦理学家一样，他并没有提出"制度伦理"这个概念，但是从该书所研究和探讨的问题来看，其实它就是一本制度伦理学著作。该书的问世，标志着制度伦理研究在西方渐趋规范。西方研究制度伦理的另一个代表性人物是麦金太尔，他于 1988 年发表的代表作《谁之正义？何种合理性？》② 也是制度伦理学的一部经典著作。麦金太尔在该书中通过对西方伦理学史进行梳理，对以罗尔斯为代表的新自由主义伦理学进行了批评。与罗尔斯的追求个体自由

---

① 柏拉图：《理想国》，郭斌和、张竹明译，商务印书馆 1986 年版。

② ［美］阿拉斯戴尔·麦金太尔：《谁之正义？何种合理性？》，当代中国出版社1996 年版，第 5 页。

主义价值目标不同的是，麦金太尔从共同体的价值出发探讨价值合理性。麦金太尔建立于传统的美德伦理学之上的制度伦理，给我们在选择上增加了罗尔斯以外的另一种制度伦理选择的可能。桑德尔于 1982 年出版的《自由主义与正义的局限》① 一书也是一部试图对罗尔斯的"政治自由主义"学说进行有针对性的批评的著作。作者深刻而独到的洞见，给人们提供了一个制度伦理学的新的视野。这些著作都是研究制度伦理思想和观点的，但是都没有明确提出制度伦理这一概念。制度伦理这一概念正式提出是 20 世纪 80 年代的事情。

值得注意的是，无论是罗尔斯的正义论，麦金太尔的伦理合理性，还是桑德尔的自由主义学说，都是建立在西方民主文化背景下的，而且是在现代化之后的，它们与中国的文化背景有着很大的差异。中国当前还未实现真正的现代化，而且二者也不是同一个时代。就此而言，他们的关于西方社会制度的制度伦理研究也许不一定能够完全适合中国的社会制度实践。

我国的制度伦理思想也是存在于传统的思想文化之中的，是以善治恶和天人合一的思想基础作为主题，这些制度伦理思想没有形成制度伦理的思想体系，在传统的伦理思想中也没有制度伦理这一明确的概念。在中国正式将制度伦理作为研究对象和概念是始于 20 世纪 90 年代中期的事情，使用以来就得到广泛的关注，现在已经成为中国语境下政治哲学的核心问题之一。从制度伦理研究成果来看，在整体研究水平上不如美国等西方发达国家。国内研究制度伦理的专著还不多，收集到的有关研究主要有施惠玲的《制度伦理研究论纲》，唐代兴的《公正伦理与制度道德》，邹吉忠的《自由与秩序——制度价值研究》，吴翠丽的《社会制度伦理分析》，高兆明的《制度伦理研究——一种宪政正义的理解》，倪愫襄《制度伦理研究》，李仁武的《制度伦理研究：探寻公共道德理性的生成路径》

---

① ［美］迈克尔·丁·桑德尔：《自由主义与正义的局限》，译林出版社 2001 年版。

等一些著作，除此以外还有一些硕士、博士学位论文。① 唐代兴的
《公正伦理与制度道德》主要研究制度的公正道德问题，即如作者
在前言中所说的"如何通过对制度道德思考而引入对一般的伦理探
讨，和如何通过对制度的公正道德的实践定位，而促使道德化的制
度本身成为社会生活普遍公正的激励力量"。②

邹吉忠的《自由与秩序——制度价值研究》从马克思主义价值
学视角透彻地分析了制度在促进人的自由中的作用，以及对制度如
何形成自由秩序中的机制等方面，做了系统而深入的分析和论证，
并对中国社会制度的建设提供了自己的思路。施惠玲的《制度伦理
研究论纲》是一部比较系统地研究制度伦理的专著，作者从马克思
主义人学的视角，探讨了制度与人的关系，分析了制度伦理的内
涵，对制度伦理思想进行了历史梳理，并对如何评价制度的价值提
出了自己独到的见解。李仁武的《制度伦理研究：探寻公共道德理
性的生成路径》对制度伦理问题进行了许多具有开拓性的研究，明
确提出制度伦理是社会生活的"底线伦理"，制度伦理通过制度的
强制性规范来维系，制度内涵的伦理价值和道德准则通过制度遵守
转化为一种普遍的道德理性，对道德建设具有基础性作用；既然制
度伦理对道德建设具有基础性作用，那么要克服社会转型中的道德
失范、促进社会道德进步就要强化制度伦理的建设；当前要把社会
主义的道德原则与市场经济的伦理精神渗透到制度安排和制度执行
当中，以推动制度遵守和道德践行的统一，为构建社会主义和谐社
会提供制度伦理环境的支持。高兆明的《制度伦理研究——一种宪
政正义的理解》以当代中国社会主义现代化建设为历史背景，围绕
制度之"善"或"好"的问题，以宪政正义为核心，以权利—义务
关系为枢纽，在"善政"、"善制"、"善治"的统一中，求索现代

---

① 笔者参考的有关制度伦理的主要硕博士论文有：廖洲：《制度伦理学刍议》，硕
士学位论文，复旦大学，2000 年；石峰：《制度伦理建设与学校德育教育》，硕士学位论
文，西安电子科技大学，2005 年；侯斌：《制度的伦理价值与制度伦理》，硕士学位论
文，苏州大学，2002 年；张斌：《论制度伦理》，硕士学位论文，郑州大学，2006 年。

② 唐代兴：《公正伦理与制度道德》，人民出版社 2003 年版，前言，第 4 页。

社会制度正义的伦理基础，探究当代中国制度正义安排及其实现的现实路径，为拓建起属于中国学者自己的制度正义理论做基础性的探索。倪愫襄的《制度伦理研究》对制度伦理相关概念做了细致的辨析和明确的界定，在此基础上对制度伦理思想的中国传统进行了回溯与挖掘，细致考察了制度伦理思想在西方的历史进程，对制度伦理范畴进行了充分论证，例如公正与正义、自由与平等、民主与法治、信用与公开，对制度伦理的文化转换进行了探讨。除了这些制度伦理专著以外，还有其他一些伦理学或制度学著作中有个别章节研究过制度伦理，比如，贺培育的《制度学：走向文明与理性的必然审视》（第四章：制度伦理：道德的制度化趋势）等。另外，关于"制度伦理"的研究还有一些文章，限于篇幅，这里就不一一列举了。有必要指出的是，由于制度伦理研究在我国才刚刚起步，学者们对制度伦理概念的理解有着很大差异，所得出的研究结论也可能千差万别。即使这样，我国的伦理学者们还是取得了一定的成绩，得出了许多很有价值的论断，对于我国社会制度的完善有着不可否认的积极意义。

二　国内外有关教育制度伦理的研究

国外关于教育制度伦理的专门研究，能查到的文献不多，很少可供直接参考的资料，只找到一位印度学者关于印度教育体系中的伦理问题的讲话稿。[①] 在这个讲话稿中作者探讨了印度教育系统中存在的伦理问题，如种种腐败、优质教育资源奇缺、进优质学校要花很多钱等问题，他认为印度教育系统中最大的问题就是缺少价值和伦理意识。国内关于教育制度伦理的文献也不多，只有几本专著和几篇论文。[②]

---

① ［印度］NVittlal：《教育系统的伦理》，在 Bharatidason 大学的讲话稿，2002 年 1 月 23 日。

② 教育伦理专著主要有：黄兆龙主编：《现代教育管理伦理学》，中国经济出版社 1996 年版，王本陆：《教育崇善论》，广东教育出版社 2001 年版；孙彩平：《教育的伦理精神》，山西教育出版社 2004 年版；段治乾：《教育制度伦理研究》，河南人民出版社 2005 年版。

从事教育制度伦理研究的主体是一些研究教育伦理学的学者，研究伦理学的学者基本上还未涉及这一领域。本领域发表的几本专著有：黄兆龙主编的《现代教育管理伦理学》，这是所查到的国内关于教育制度伦理研究最早的一本专著。该书发表于1996年，作者对如何将伦理规范运用于教育管理方面作了可贵的尝试性探索。王本陆教授于2001年发表的《教育崇善论》，则集中探讨了教育善恶矛盾运动的规律、道德规范和机制，并最先提出了"教育崇善的伦理哲学命题"，作者呼吁要创建真正的教育伦理学科。从其描述的伦理过程来看，虽然作者并未明确宣称其研究的是教育制度伦理，但可以把该书看作教育制度伦理著作。孙彩平博士2004年出版的专著《教育的伦理精神》，其中一个突出的特点是具有鲜明的时代伦理精神。作者对教育制度伦理的一个核心概念即教育公平问题作了精彩的论述，并用大量的案例说明了教育伦理规范的主要价值。段治乾教授著的《教育制度伦理研究》，是我国第一本系统地专门论述教育制度伦理的论纲式著作。作者旗帜鲜明地提出教育制度伦理的首要问题是公正问题，教育制度伦理公正的逻辑起点是以人为本，并据此提出了教育制度伦理公正的三项评判标准和教育制度伦理公正的四个原则。他提出的教育制度伦理原则即保证原则、共享原则、差异原则和补偿原则是该书的核心，构成了该书的主体部分。可以看出，此书并不是想纯粹形而上地论述抽象的教育制度伦理问题，而是着眼于制度伦理学的应用性质。[1]

除了上述教育制度伦理专著以外，近几年来也有一些关于教育制度伦理的博士论文，如沈璿的《师道与师德合一：构建教师专业伦理制度的理性探索》，喻冰洁的《中小学教师评价的伦理问题研究》，以教师伦理规范作为教师专业的制度性实在之本质为出发点，围绕对教师伦理规范的"规范性"特征和建构要求展开研究。还有相当一部分论文在国内各种学术期刊上发表，如张跃华的《关于教育制度伦理的思考》（《教育与教学研究》2001年第11期），谢维

---

[1] 段治乾：《教育制度伦理研究》，河南人民出版社2005年版。

营、刘晓雪的《对我国"学术失范"现象的制度伦理分析》[《福建师范大学学报（社会科学版）》2004 年第 4 期]，王本陆的《教育公正：教育制度伦理的核心原则》[《华南师范大学学报》（社会科学版）2005 年第 4 期]，张烨的《教育政策分析的制度伦理视角》（《清华大学教育研究》2005 年第 1 期），檀传宝的《制度与制度伦理——兼议教育制度建设》（《中国教育学刊》2005 年第 10 期），李江源、胡斌武的《论教育制度的伦理道德之维》（《教育理论与实践》2006 年第 1 期）），程东旺的《制度正义：教育公平保障体系的伦理基石》（《教育理论与实践》2014 年第 1 期），李会敏的《制度伦理视野中农村中小学布局调整存在的问题及对策》[《教学与管理》（理论版）2013 年第 11 期]，金生鈜的《教育基本善事物及其意义——基于教育正义的思考》[《陕西师范大学学报》（哲学社会科学版）2015 年第 1 期]，王家云、徐金海的《制度伦理视域下的现代学校制度设计》（《教育发展研究》2013 年第 10 期）等。虽然他们对教育制度伦理的论述深浅不一，但都从各自不同的角度阐述了自己对教育制度伦理的见解，对于推动我国的教育制度伦理研究无疑具有积极的意义。从研究的现状和发展趋势来看，研究教育制度伦理的著作和文章正在逐渐增多。

三　关于现代大学制度相关研究

从笔者掌握的文献来看，对现代大学制度研究的主要内容包括现代大学制度的含义、现代大学制度的理论基础、现代大学制度的价值与功能、现代大学制度的建设等。

关于现代大学制度的含义研究。主要有域外视角下的现代大学制度、历史视角下的现代大学制度、本土论视角下的现代大学制度、效能论视角下的现代大学制度和规则论视角下的现代大学制度等观点。

现代大学制度的理论基础研究。主要有哲学基础、文化基础和经济基础等。关于现代大学制度的哲学基础，王冀生认为在世界上存在着两种比较有代表性的观点：一种是 J. S. 布鲁贝克的二元理论，即认识论哲学和政治论哲学；另一种是伯顿·克拉克的四元理论，即正义、能力、自由和忠诚。① 王冀生自己的观点则是：现代大学的本质表明现代大学存在的哲学基础首先是认识论的：掌握高深学问；另外一个哲学基础是政治论的：大学对国家、社会的深远影响。这两个方面是统一的。前者是大学的"内在价值"，后者是"外在价值"。② 著名学者杨东平则揭示了现代大学制度的价值论基础。他认为，19 世纪洪堡创立柏林大学，奠定"学术自由"、"教学自由"、"学习自由"的原则，它便成为现代大学的基本价值和基本准则。是否确立了这一价值和这一制度，决定着一所高校是大学还是一个培训机构或教育工厂，是古代大学还是现代大学。③ 关于现代大学制度的文化理论基础，认为大学是一个文化组织，现代大学制度的研究和讨论必然涉及其文化理论的方面，其主要包括大学制度文化、大学精神、大学理念、学术自由等。关于大学制度文化，有论者认为大学制度文化建设是大学文化构建的主要任务。④ 大学精神是大学文化的重要方面，关于大学精神的理论也是现代大学制度的重要的理论基础之一。论者认为学术自由是现代大学制度的基础："学术自由作为一种普适性的学术价值观，不是人为设计的，而是自发形成的。作为大学长期演进中衍生出来的内在制度，它是现代大学制度得以建立的基础。"⑤ 关于现代大学制度的经济理论基础，国内对现代大学制度的研究和讨论是随着我国经济体制改革的深入而进行的。一部分人借鉴了经济体制改革尤其是国企改革和现代企业制度的理论和实践来对高校和现代大学制度进行研究，包括企业理论在内的经济理论成为现代大学制度的一个很重要的理论来源。

关于现代大学制度的功能研究。关于现代大学制度的功能主要

---

① 王冀生：《现代大学制度的基本特征》，《高教探索》2002 年第 1 期。

② 王冀生：《建立有中国特色的现代大学制度——攻坚阶段我国高教体制改革的重点》，《高教探索》2000 年第 1 期。

③ 杨东平：《纵论重建现代大学制度之路》，http://www.szu.edu.cn。

④ 范跃进：《论制度文化与大学制度文化建设》，《山东理工大学学报》（社会科学版）2004 年第 2 期。

⑤ 周光礼：《大学的自主性与现代大学制度》，《大学教育科学》2003 年第 4 期。

有两种观点：第一，现代大学制度对大学各方面水平的提升功能。如大学具有知识传授的保障功能、知识创新的催化功能、知识服务的促进功能；① 现代大学制度可以提升大学的学术水平，化解现在教授的"身份危机"；② 现代大学制度可以提升大学精神；③ 现代大学制度可以提高大学的竞争力，促进世界一流大学的建设；④ 我国研究型大学的建设有赖于健全合理的现代大学制度的保障。⑤ 第二，现代大学制度对高等教育事业的促进和保障功能。如要实现高校合并的功能和目标，必须有现代大学制度的保障；⑥ 21 世纪我国高等教育要实现跨越式的发展，离不开现代大学制度的构建，⑦ 高等教育的大发展需要健全现代大学制度。

关于现代大学制度的建设研究。主要从为什么要建设现代大学制度、建设什么样的现代大学制度、怎样建设现代大学制度等问题。为什么要建设现代大学制度这个问题实际上就是现代大学制度建立的动因问题，涉及两个方面：内因和外因。建设什么样的现代大学制度的问题就是现代大学制度建设的价值取向和内容的问题。关于这个问题的研究和讨论集中在两个方面：第一，现代大学制度的本土性与国际性的问题；第二，现代大学制度建设的核心和相关问题。关于怎样建设现代大学制度这个问题的研究和讨论主要涉及两个主题：第一，现代大学制度创新的问题；第二，现代大学制度建设的策略、途径问题。

---

① 陈德敏等：《初论建设有中国特色的现代大学制度》，《中国高教研究》2001 年第 3 期。

② 黄俊伟：《从〈过去的教授和现在的教授〉看现代大学制度建立的必要性和迫切性》，http：//www. Lib. sdut. du. cn，2004 年 6 月 25 日。

③ 罗海鸥：《大学精神的提升与大学制度的创新——全国高等教育学研究会 2003 年年会综述》，《广东技术师范学院学报》2004 年第 1 期。

④ 赵彦云等：《提升大学竞争力，建立现代大学制度》，《中国高等教育》2003 年第 18 期。

⑤ 赵文华：《建立现代大学制度，加快我国研究型大学建设》，《上海交通大学学报》（社会科学版）2002 年第 2 期。

⑥ 周玲：《高校合并与现代大学制度的建立》，《高教探索》2000 年第 4 期。

⑦ 朴雪涛：《大学制度创新与 21 世纪中国高等教育跨越式发展》，《高等教育研究》2002 年第 6 期。

四　国内外关于现代大学制度伦理的相关研究

就所收集到的现有文献中，以现代大学制度伦理为专门研究的专著还十分有限。有关于高等教育制度伦理研究的著作已经出版，如朱平博士的《高等教育制度伦理研究》；但是国内外关于大学的研究中，涉及现代大学制度伦理的研究很多，这些文献可视作研究现代大学制度伦理的参考资料。国外关于现代大学制度伦理的研究，主要是从 20 世纪 90 年代中期以后逐渐增多的，国外学者的论著多是针对某些具体问题的专项研究。① 保罗·哈丁的一篇名为《学术中的伦理与经济问题：大学校长的观点》的会议论文，是所查到的直接探讨现代大学制度伦理的一篇代表性文献。在该文中，作者以大学校长的身份论述了大学管理者在管理中遇到的伦理道德困境问题。S. B. 潘克若兹尧和 G. F. 阿沃艾德在《对剽窃和其他形式的学术不端行为的学术研究政策的评估》一文中，分析了一些教师的诸如研究资金不当使用、伪造数据、剽窃等学术不端行为，并对学术研究评估政策进行了评价。特若尼·瑞夫肯于 1993 年写的《关于社区学院的管理人员和教职工的伦理规范》一文，提出社区学院这样的高校应该设立一套关于教职工以及管理人员的伦理标准。作者认为明确的伦理规范准则对于社区学院赢得公众的信任是很重要的。亚历山大·B. 霍姆斯（1996）在一篇名为《高等教育中的伦理》论著中，用案例分析的方式分析了大学的伦理制度。作者将大学管理机构设成六个变量：①财经冲突；②学术冲突；③人际冲突；④学生报纸；⑤学生运动员；⑥校园社团组织。作者通过

---

① Paul Hardin, Ethical and Economic issues in Academe: The point of Vien of university, 1979, U. S New Jersey. Tronie Rifkin, Administrator and faclty Ethics codes in Community colleges, 1993 ERIC, clearing house for Community colleges, Los Angeles, CA. Pancrazio, S. B. Aloia G. F. Evaluating research policies on plagiarism and other Forms of research misconduct [J] NCA Quarterly, (Fall 1992), 67 (2). Alexander. B. Holmes, Ethics in higher education. Case studies for Regeuts. 1996 university of Oklahoma press. Anaclare Frost Evans, Ethical issues in American. higher education: An annotated bibliograohy in social context, 1900—1950, [D] WAYNE STATE University, 2000. Kelley Margaret Kalinich, From angst to art: Ethicl issues educational leader (principals) confront and the resources they use to solve them. 2005 [D] Peabody college for teachers. of Vanderbilt university.

分析变量提供了一个关于高校伦理问题可操作性的分类法。安那克莱若·福儒斯特·伊文斯的博士论文《美国高等教育中的伦理问题：1900—1950 年间的社会背景下的一个目录学阐释》，对 20 世纪上半叶美国高等教育中存在的一系列现象，诸如学术自由、学术自治、入学标准与入学政策、公民权利与学术权利、高校与外部的政府及社区关系、科学研究伦理、学生守则、学生抗议权等，进行了一个全景式的研究。该文内容丰富、论证严谨，是研究美国高等教育制度伦理的一篇佳作。克雷·马格瑞特·凯里内克（2005）的博士论文《从焦虑到艺术：教育领导人面对的伦理问题及解决之道》，着重分析了当今大学校长们所面临的多种棘手的与伦理有关的问题，并认为伦理的两难问题考验着校长的伦理精神和伦理决策能力。埃里克·古尔德于 2003 年发表的《公司文化中的大学》① 一书，从大学理念的角度对大学越来越明显的公司化伦理从客观上进行了剖析。他认为公司伦理已经取代了大学伦理，造成了大学的伦理危机。该书提出的一些制度伦理观点，对于反思中国当前日益突出的大学公司化倾向有重要警示意义。

最近几年国内关于现代大学制度伦理的研究逐渐增加，近几年出现了对我国大学制度进行反思的一系列论著。② 朱平的《高等教育管理制度伦理研究》一书从高等教育制度的伦理选择、执行和评价等方面进行考察，对高等教育制度的合理性和道德性进行审视。吴国娟的《大学制度的伦理反思》一书以伦理角度为切入点、制度伦理理论为分析框架，从宏观上对大学制度伦理问题进行了探讨和反思。从大学制度实质伦理、形式伦理和主体伦理三个维度进入到具体的大学制度伦理研究中，对中国大学制度伦理的现实问题进行

---

① ［美］埃里克·古尔德：《公司文化中的大学》，北京大学出版社 2005 年版。
② 杨东平：《教育：我们有话要说》，中国社会科学出版社 1999 年版；杨东平：《大学之道》，文汇出版社 2003 年版；杨东平：《中国教育公平的理论与现实》，北京大学出版社 2006 年版；熊炳奇：《大学有问题》，天地出版社 2004 年版；江新华：《学术何以失范：大学学术道德失范的制度分析》，社会科学文献出版社 2005 年版；陈中原：《中国教育平等初探》，广东教育出版社 2004 年版。

深刻剖析与批判。除此以外，还有少数几篇关于大学制度伦理研究的博士论文，例如，赵敏的《我国现代大学教师管理制度伦理研究》。因此，本书将它们视为研究现代大学制度伦理的直接文献材料来源。除了这些论著以外，还有一些期刊上发表的研究现代大学制度的文章，主要文章列举如下：谢维和、李雪莲的《高等教育公平性的调整与研究报告》，邓周平、钱志发的《21世纪中国高等教育的价值取向与操作设计》，赵修杰的《高校内部控制制度评价刍议》，梁念琼的《论高等教育制度创新与现代大学制度的价值取向》，孟瑜的《高等教育收费制度与教育公平》，别敦荣、朱晓刚的《我国高等教育大众化道路上的公平问题研究》，张玉林的《从数字看教育不公》，张玉林的《中国教育不平等状况蓝皮书》，王洪才的《试论大学制度建设的价值导向》，施芳的《高等教育如何实现公平》，胡弼成、陈桂芳的《高等教育价值取向：矛盾冲突及现实选择》，李守福的《论大学评价的价值取向》，李瑞娥、李伟群的《我国制度变迁与教育资源分享中的公平问题——一个基于农村和城市人口受高等教育差别的比较研究》，杨春梅的《国外高等教育公平问题与改革趋势》，王长乐的《谁来主导中国大学的制度改革》，杨东平的《从权利平等到机会均等——新中国教育公平的轨迹》，刘民权等《学费上涨与高等教育机会公平问题分析——基于结构性和转型性的视角》，别敦荣、吴国娟的《论大学制度的公正性》，田雪飞、史万兵的《美国高等教育制度伦理的历史演进逻辑及其启示》、《我国高等教育制度伦理的维度研究》、《美国高等教育制度伦理的价值研究》和《中美高等教育制度伦理的比较与启示》等。

从以上列举的文章来看，其出现和增多的趋势大致与2010年《教育规划纲要》之后现代大学制度成为研究热点相一致，这些研究集中在探讨高教制度伦理、价值和高等教育公平问题上。进入21世纪以来，伴随着高校大扩招，各种教育问题逐渐增多，学者们开始深入思考高教制度方面的问题。发表文献逐年增多，探讨也逐渐深入，有的文章逐渐触及了高教制度问题的实质。但从研究范围来看，多数文献还是局限在探讨高等教育公平问题，虽然高等教育公平问题是现代大学制度伦理的一个核心问题，但它毕竟只是现代大学制度伦理所要研究的一部分内容而已。现代大学制度伦理研究还应涉及制度的其他伦理问题，比如，现代大学制度伦理中的规范伦理和德性伦理等内容。

研究综述，综观国内外关于制度伦理研究的概况可以发现，第一，中外现代大学制度伦理研究旨趣、研究风格和研究方法明显不同。我国关于现代大学制度伦理的研究，一般都会涉及宏观的政治经济制度，多数是有一种价值预设在里面，属于探索一种应然状态的制度；研究方法多是思辨的方法。而西方教育制度伦理研究则走的是另一种路子，一般属于问题研究，多在微观层面上展开，主要限于个别学校，涉及价值的东西不多；在研究方法上多采用的是实证研究方法，即经过调查取证，用数理工具论证，因此它们多数属于实然的研究。这可能跟东西方不同知识分子的角色有关，中国知识分子历来承担着一种自己赋予自己的责任，道统学统统一，倡导文以载道，自古就有"家事，国事，天下事，事事关心"的传统。中国知识分子研究问题时，一般总是要与整个国家和社会联系起来；西方知识分子有着"为知识而知识"的知识论传统，其兴奋点多数是囿于某个具体问题上，对某一个问题用分析的方法进行透彻的剖析，很少上升到社会制度问题方面。第二，我国对现代大学制度的概念还没有达成共识，基础理论研究薄弱。对于何为大学，何为大学制度，现代大学制度的基本要素是什么，影响大学及大学制度的因素又是什么，这一系列问题涉及现代大学制度的本质，相关基本理论问题缺乏深入的探究。第三，我国现代大学制度研究的视角比较单一。国外现有研究大学本质和大学制度的视角主要有管理学、经济学、教育学、社会学和人类学，不同的视角开阔了大学本质及大学制度研究的视野和思路；而我国目前研究这个选题的主要是教育界的学者，他们仅从教育学的视角揭示现代大学制度存在的问题、探讨建设现代大学制度，没有突破教育学的研究视域，视角单一，不利于对中国特色现代大学制度的研究。

第四节　研究内容

本书从制度伦理的角度来剖析现代大学制度的构建，拟从制度公正、制度民主、学术自由、大学法治、制度理性和制度效率等方面剖析现代大学制度伦理的范畴和内容，揭示现代大学制度构建对我国高等教育发展的重要意义，拟通过综合研究方法揭示我国现代大学制度伦理困境，在此基础上借鉴西方发达国家现代大学制度伦理建设的经验，提出现代大学制度伦理构建理念、原则和路径。基于这一目的，本书主要研究以下几个方面的内容：

第一，现代大学制度伦理的理论基础。何为现代大学制度？何为制度伦理？现代大学制度伦理的内涵是什么？通过对现代大学制度伦理的范畴、伦理意蕴，现代大学制度伦理之于现代大学发展的意义，现代大学制度伦理价值，现代大学制度的价值诉求等问题研究来梳理研究基础。通过对这些问题的分析，可以对当前现代大学制度伦理基础有一个较为全面的认识和理解。

第二，我国现代大学制度伦理的历史演进逻辑与思想渊源。现代大学制度在中外经历了一个演变历程，现代大学制度伦理也经历了历史演变过程。中外的现代大学制度伦理有着不同的方式，对现代大学的发展产生的影响也不一样。我国的现代大学经过一百余年的发展，逐渐形成了具有我国国情的现代大学制度伦理。历史是与现在相联系的，而且还具有很强大的现实意义。这一部分梳理现代大学制度伦理的历史发展中，对我国现代大学制度伦理制度的发展演变进行文献分析和研究，试图厘清当前我国现代大学制度建设的历史依据是什么，我国的现代大学制度选择基于什么样的价值理念，影响现代大学制度伦理演变的动因主要有哪些。通过对这些问题的分析，可以对现代大学制度伦理的形成和产生有一个较为全面的认识和理解。

第三，当前我国现代大学制度伦理困境研究。拟采用文献分析、调查和访谈等综合方法，对我国当前现代大学制度伦理困境进行分析。拟从大学的学术自由与秩序的博弈、现代大学制度公正性危机、大学章程建设现状、大学制度理性失范和大学制度德性伦理缺失等方面探寻。对现代大学制度伦理困境的分析是为了让我们对我国当前现代大学制度伦理建设这一长期性任务有一个清晰的认识和理解。

第四，西方国家现代大学制度伦理建设的经验分析。在分析现代大学制度伦理历史演变和思想基础上，阐述西方现代大学制度伦理建设的经验。拟以德国、英国和美国为参照分析西方国家现代大学制度伦理建设的历程，为建设我国现代大学制度伦理提供借鉴和启示。

第五，现代大学制度伦理建构。在探究我国现代大学制度伦理历史演变逻辑和思想渊源的基础上，根据我国的现代大学制度伦理困境，结合西方国家现代大学制度伦理经验，拟从构建理念、原则和路径上提出构建方案。

第五节　研究方法

研究现代大学制度伦理，对于我国的高等教育的发展意义重大。现代大学制度伦理研究在整个高等教育发展过程中处于基础性地位。根据研究的需要，本书的具体方法包括文献研究法、历史研究法、案例研究法、问卷调查法、比较研究法、访谈研究法和制度分析法等方法。

文献研究法。任何一项研究都是建立在梳理和分析文献资料的基础之上的。文献研究不仅提供了选题的依据，而且在整个研究过程中，也有助于研究者知悉相关研究的动态并使研究过程更趋有效。本书将广泛收集和阅读国内外有关大学理念、大学精神、大学治理和现代大学制度的相关资料，从大量资料中获取有用的信息，收集我国现代大学制度研究的文本文件、资料等，通过对这些文献进行分析，把握现代大学制度研究的研究水平和前沿研究动态，为本书的顺利进行提供文献支持。具体到本部分而言，主要通过对有关现代大学制度研究的现状，分析现代大学制度建设中大学内部和外部各种关系中的价值冲突和伦理困境，以揭示本书的重要性和必要性。

历史研究法。恩格斯曾经指出："历史从哪里开始，思想进程也应当从哪里开始，而思想进程的进一步发展不过是历史进程在抽象的、理论上前后一贯的形式上的反映。"[1] 从历史的维度，探究现代大学制度伦理的演变和发展。在我国，现代大学制度伦理属于国家教育制度伦理的范畴。该制度伦理的生成是在外部影响和内部驱动的复杂过程中酝酿产生的。借助当时社会政治、经济、文化等方面的历史背景资料，纵观整个发展历史，追溯该政策发展的轨迹，揭示其演变的内在动因与逻辑。通过分析、归纳现代大学制度伦理在产生和变革中不同历史阶段显现出的不同特征，解释现代大学制度伦理在我国形成的结果。历史研究是本书的一个基点。

案例研究法。案例研究法"适合对现实中某一复杂和具体的问题进行深入和全面的考察。通过案例研究，人们可以对某些现象、事物进行描述和探索。"[2] 本书采用多案例研究法，选定教育部直属大学、地方本科院校大学章程作为分析案例，通过对其制定的大学章程的过程及其相关的制度文本进行详细考察，对国内大学章程制定的过程、审核和发布进行分析总结，探索大学章程制定存在的问题，以真实地了解它们所做的制度设计，并为问题的剖析提供翔实的经验材料，总结出我国大学章程建设对现代大学制度建设的意义和存在的问题，从大学章程这一法律视角揭示现代大学制度的人治与法治的冲突；在进行西方国家现代大学制度伦理的比较研究时，拟选取典型大学制度伦理的案例来说明大学制度伦理建设现状。

---

[1] 《马克思恩格斯全集》（第一卷），人民出版社1985年版，第43页。

[2] 孙海法、朱莹楚：《案例研究法的理论与应用》，《科学管理研究》2004年第1期。

问卷调查法。将问卷调查作为收集数据的方法，在教育研究中运用得很普遍。问卷调查法具有适用范围广、效率高等优点。本书从我国现代大学制度建设的实际出发，参考国内外的相关理论和实践，制定现代大学制度的调查问卷。在编制调查问卷的过程中，征求和听取了专家、学者的意见和建议，并在此基础上对问卷进行了预调查，尽量保证调查问卷具有较高的结构效度和内容效度。

比较研究法。比较研究方法在本书中也必不可少。由于研究涉及很长的历史，需要以时间作为研究维度，对不同阶段的社会背景和不同历史时期、不同发展水平的大学制度进行比较，借此不同阶段的纵向比较研究，以期把握不同历史时期研究对象的独特形态与特征，更为重要的是围绕现代大学制度伦理核心明晰不同阶段制度伦理的异同，从而把握现代大学制度伦理的演化与发展过程，揭示其生成和发展的基本脉络与阶段性的特征。同时，在分析过程中，把我国与国外的现代大学制度伦理进行对比，借鉴别国的经验，探寻适合我国的现代大学制度的发展模式。

访谈研究法。调查问卷一般使用的是研究者自己的语言，带有研究者的个人偏好，向调查对象调查询问研究者认为重要的问题。因此，这种方式有时候并不是从研究对象本身出发探究问题，从而不能真实反映出研究对象的思想，且又不能让研究对象表达自己的声音。而访谈可以直接询问受访者自己对研究问题的看法，使他们有机会用自己的语言和概念表达他们的观点。[1] 另外，在具体情境和研究关系许可的情形下，研究者还可以与研究对象共同探讨一些在问卷中无法调查的敏感性话题，从而对研究的问题获得一个更加开阔、整体性的视野，可以从多重角度对研究问题进行比较纵深、细致的描述，访谈研究使深度上的研究得以保证。因此，本书以教育部直属大学、山东省、贵州省的高校领导、管理者、教师和学生为对象进行访谈，详细而深入地探索现代大学各利益相关者和相关

---

① 陈向明：《质的研究方法与社会科学研究》，教育科学出版社 2000 年版，第 170 页。

人员的内心世界，获取更为丰富的资料。

　　制度分析法。制度分析法是指以一个制度整体为考察对象，对其进行经济的、社会的或教育的理论分析，制度分析法比较关注主观选择作用。最初制度分析法仅仅用在经济分析中，但现在已不再是纯粹的经济分析法，社会分析、价值分析中也大量使用制度分析法。对现代大学制度进行制度分析，就成为本书的一个重要内容。但这里的制度分析关注的是现代大学制度伦理的价值考量，而并不注重于对其具体运作模式的分析。

第二章 制度伦理意蕴:现代大学 制度伦理的理性阐释

> 伦理学的根本目标是为了询问意义,它所关心的是什么样的行为方式、生活形式和社会制度最能够创造幸福生活……各种体制和标准把生活规划为盲目的机械行为,人们在利益的昏迷中失去了幸福,在社会规范中遗忘了生活,好像行为仅仅是为实现体制的规范目标的行为,而不是为了达到某种意义的生活。社会成功了而人失败了。
>
> ——赵汀阳《论可能生活》

现代大学制度是维持大学正常的运行,支撑现代大学的存在,并促进大学职能实现的制度体系。随着我国高等教育的改革与发展的深入推进,《教育规划纲要》的颁布实施,现代大学制度已成为近年来我国学术界研究的热点课题。众多学者分别从概念内涵、特征、范畴、理论基础、逻辑起点和中国特色现代大学制度建设等方面对现代大学制度进行了研究,取得了丰硕的研究成果,这些成果为我国现代大学制度的建设奠定了扎实的理论基础和实践逻辑。已有的研究并没有对现代大学制度的概念形成统一的认识,学者基于本身的研究立场从现代性与大学制度、现代大学与制度、大学精神与制度、大学文化与大学制度的关系等角度对现代大学制度的内涵进行了分析,且这些对现代大学制度的研究大多是从教育学、经济学、管理学、社会学、政治学和价值哲学等角度进行,而从伦理学的视角研究较少。因此,从制度伦理的角度进行的交叉研究是现代大学制度研究的一个新的视角。本章将从现代大学制度的意蕴及规定性、价值导向、现代大学制度伦理和现代大学制度伦理范畴等几个方面对现代大学制度进行深入剖析和探索研究。

第一节 现代大学制度的内涵及规定性

现代大学制度出现是与现代大学出现紧密联系在一起的。现代大学制度是为了坚守大学精神和学术本质使得大学职能得以实现的制度总称。在我国，现代大学制度得到人们热切的关注并成为热点则是在《教育规划纲要》的颁布实施以后。

一 现代大学制度的内涵

无论是现代大学制度理论研究还是大学制度实践改革，都没法回避"何为现代大学制度？现代大学制度何为？"的问题。客观地说，由于大学制度内涵丰富、形式多样及制度环境的复杂性，导致学术界对于现代大学制度的内涵并没有形成一个统一的概念，人们对现代大学制度的内涵的分歧较大，因此，要想理性、客观地把握现代大学制度的含义是一件比较难的事情。

目前，学术界的不同学者基于不同的研究立场从不同的层面对现代大学制度的内涵进行了阐释，主要形成以下几种观点。

第一种观点，是从大学制度的历史流变和发展的角度来看待的，认为现代大学制度在时间上可能表征为"现代"的，但在内容上相对于古典的单一的大学职能的大学制度而言的大学制度。其本质核心是大学自治、教学与科研相结合。20世纪初我国近代大学的诞生，现代大学制度也随之形成，如蔡元培时期的北京大学实施的大学制度、梅贻琦时期的清华大学实行的大学制度，及部分教会大学和私立大学施行的大学制度。

第二种观点，以西方和大学发展的时间为参照，认为现代大学制度是以19世纪洪堡建立的德国大学的制度和美国建立的现成的大学制度。其实质是一种西方中心主义观点，如德国洪堡创立的柏林大学，确立"教学与科研相结合"，以全面的人文教育为办学宗旨，开启了现代大学的发展历程，大学自治和学术自由是大学的基本组织原则。除了德国大学的大学制度，现代美国提出了多元巨型大学形成的大学制度，如克拉克·克尔提出的现代大学是多元巨型大学：其特点是规模化、多元性和综合性，其大学制度也是与大学特点相适应的新型大学制度。"多元巨型大学是与知识经济社会相适应的新型大学"。① 他认为多元巨型大学不再是一个有机体，没有统一的固定机构，而是一座城市或一个城邦，很多部分可以增加也可以取消，并不会被人注意，甚至不会影响整体。服务于这种大学的制度就是现代大学制度。② 如韩水法认为现代大学制度就是德国的洪堡建立的柏林大学并实施的制度，这实质上就是一种时间上界定的现代大学制度。

第三种观点，是从实践视角出发来分析中国特色的现代大学制度，认为中国特色现代大学制度是为解决中国现代大学运行过程中所存在的诸如大学办学自主权不够、行政化和大学管、办、评不分等问题，使大学适应社会主义市场经济和我国社会经济发展的新要求，而建立的独具中国特色的大学制度，其主要内容表述为党委领导、校长治校、教授治学、民主管理。持这一观点的学者主要是别敦荣、袁贵仁和赵文华等，别敦荣认为，我国现代大学制度是针对我国目前大学发展面临的诸多发展矛盾的基础上，为实现大学的使命而逐步发展起来的，它既不是 19 世纪的德国现代大学制度，也不是 20 世纪的美国现代大学制度，而是独具中国特色的现代大学制度。③ 袁贵仁等提出，把握大学作为法人实体和办学主体所拥有的权力和责任是建立现代大学制度的关键。④ 赵文华认为，中国特色的现代大学制度是与市场经济体制和高等教育发展需要相适应的大

---

① ［美］克拉克·克尔：《大学的功用》，陈学飞译，江西教育出版社 1993 年版，第 12 页。

② 刘明生：《构建中国现代大学制度探析》，《邯郸学院学报》2007 年第 4 期。

③ 别敦荣：《我国现代大学制度探析》，《江苏高教》2004 年第 3 期。

④ 袁贵仁：《建立现代大学制度推进高等教育改革和发展》，《国家高级教育行政学院学报》2000 年第 2 期。

学的内外部关系、组织结构及行为规范的体系。①

　　第四种观点,是从文化的角度进行分析,代表学者主要是张应强,他认为现代大学制度是指一种对内能营造出体现精神的文化氛围,对外能协调政府、社会与大学之间的价值冲突的制度体系。他主张现代大学制度的价值在于:通过组织、协调大学内外部关系,来保证大学的文化地位,从而使大学更好地履行其文化传承及文化创新的责任。②

　　第五种观点,是借鉴现代企业制度而提出的,认为现代大学制度是比照现代企业制度进行的。而现代企业制度就是以产权明晰为基础,实现所有权与经营权的分离的制度。据此,我国现代大学制度的建立应该进行大学办学权和产权分离,实现专业化管理。③ 有一种大学校长职业化的说法实际就派生于该观念。④ 有人认为我国民办高等教育发展思路应该是这种模型。因此,现代大学制度就是一种现代的大学经营管理制度。

　　以上观点,是基于不同的研究立场从不同的角度出发来分析现代大学制度的内涵和特征,由于不同学者的研究视角的差异,导致对现代大学制度的内涵存在较大的差异和一定的局限,需要我们厘清:第一,现代大学制度与“现行的”大学制度不能画等号,现代性与当下性是有差异的,它并不代表一定具有当下性。正如别敦荣所言,现代大学制度的发展是大学制度的现代性与古典性有机融通的过程。⑤ 第二,需要厘清现代大学制度的传统性与现代性之间的关系,两者并不是相互对立和相互矛盾的,而是既相互联系又相互

---

① 赵文华:《建立现代大学制度,加快我国研究型大学建设》,《上海交通大学学报》(哲学社会科学版) 2002 年第 2 期。

② 张应强、高桂娟:《论现代大学制度建设的文化取向》,《高等教育研究》2002 年第 6 期。

③ 杨望志、熊志翔:《现代大学制度的基本特征》,《佛山科学技术学院学报》(社会科学版) 2004 年第 1 期。

④ 赵文华、高磊等:《论现代大学制度与大学校长职业化》,《复旦教育论坛》2004 年第 3 期。

⑤ 别敦荣:《论现代大学制度的现代性》,《教育研究》2014 年第 8 期。

区别的关系。传统大学的经典理念还是融通于现代大学之中的，现代大学的本质属性跟传统的大学理念是一脉相承的。第三，中国特色的现代大学制度的建设过程是世界大学普适性与我国本土化相统一的过程。世界大学的本质属性具有普适性是大学之所以为大学的本质规定性，我们在建设中国特色现代大学制度时需要按照大学的本质属性进行，但是由于我国国情具有特殊性，我们在建设中国特色的大学制度时要根据我国价值取向而不能按照西方主义的取向来进行。

基于上述对现代大学制度内涵的基本梳理和分析，我们发现，我国的现代大学制度一定是基于我国特定的社会经济发展需要和基本国情的基础上，同时体现现代大学核心精神的大学制度，是为了解决我国大学发展过程中存在的问题而设计的大学制度体系。这一制度是既与世界现代大学的本质属性、大学精神、大学理念和文化、大学传统等核心要素相承接，又与我国的政治、经济、文化等基本国情相适应的制度体系，即中国特色的大学制度体系。由大学的外部治理制度和内部治理制度构成。① 外部治理制度是指大学与政府和社会关系的制度体系，主要涉及大学办学自主权等问题，包括法人制度、产权制度和董事会制度等；内部治理制度是大学自己对其内部进行治理的制度体系，主要涉及高校内部的组织结构和运行机制等问题，包括学术自由、依法治校、教授治学、校长治校、科学管理制度等。

二 现代大学制度的基本特征

目前，虽然学术界对现代大学制度的内涵并未形成统一界定，但对现代大学制度的基本特征有一个比较一致的看法，1998 年的《世界高等教育宣言》中指出："21 世纪高校发展的核心是大学自治与学术自由。"由此可见，大学自治和学术自由是现代大学制度的本质特征。同时，为了在学校内部营造良好的学术氛围和民主环境，就必须落实民主管理、教授治学和学生自治等。因此，现代大

---

① 孙雷：《现代大学制度下的大学文化透视》，光明日报出版社 2010 年版，第 8 页。

学制度的本质特征表现为"学术自由、大学自治、校长治校、教授治学、民主管理"。然而,我国正处在社会主义初级阶段,这种特殊的国情决定了我国学校应在政府的宏观管理下以"党委领导、校长治校、学术自由、教授治学、民主管理"为基本特征,建立独具中国特色的现代大学制度。

第一,党委领导。这是中国特色的现代大学制度的核心,主要是指大学党委居于学校领导的核心地位,引领学校发展的政治思想,统率学校大局并决定学校重大决策。党委领导是党和国家为探索合理的大学内部高等教育管理领导体制而提出的,1998年颁布的《中华人民共和国高等教育法》明确规定了党委的主要职责:执行中国共产党的大政方针和路线,坚持社会主义办学方向,领导学校的思想政治教育工作、德育工作,讨论决定学校内部组织机构的设置和内部组织机构负责人的人选,讨论决定学校的改革、发展和基本管理制度等重大事项,保证以培养人才为中心的各项任务的完成。《中国共产党普通高等学校基层组织工作条例》指出:高等学校实行党委领导下的校长负责制。校党委统一领导学校工作,支持校长按照《中华人民共和国高等教育法》的规定积极主动、独立负责地开展工作,保证教学、科研、行政管理等各项任务的完成。2014年《中共中央关于坚持和完善普通高等学校党委领导下的校长负责制的实施意见》中对党委的职责做了明确规定:高等学校党的委员会是学校的领导核心,履行党章等规定的各项职责,把握学校发展方向,决定学校重大问题,监督重大决议执行,支持校长依法独立负责地行使职权,保证以人才培养为中心的各项任务完成。党委实行集体领导与个人分工负责相结合,坚持民主集中制,集体讨论决定学校重大问题和重要事项,领导班子成员按照分工履行职责。党委书记主持党委全面工作,负责组织党委重要活动,协调党委领导班子成员工作,督促检查党委决议贯彻落实,主动协调党委与校长之间的工作关系,支持校长开展工作。对党委权责清晰的界定,一方面能落实党委权力,实现其对学校各项工作的全面领导;另一方面能有力地化解党委与校长在高校管理活动中权力的重叠与冲突，厘清党委与校长之间的权力关系，提高决策的效率。与此同时，党委领导并非党委书记的独裁领导，而是党委整套班子的集体领导，这有利于党委决策的正确性、科学性，有利于学校民主制度的开展，有利于把握学校的政治方向、社会主义办学方向、宏观决策方向。

第二，校长治校。校长治校是党委领导下校长负责制的重要组成部分，是我国现代大学制度的关键部分。2014 年《中共中央关于坚持和完善普通高等学校党委领导下的校长负责制的实施意见》中对校长的职责也做了明确界定。校长是学校的法定代表人，校长在学校党委的领导下，贯彻党的教育方针，组织实施学校党委有关决议，行使高等教育法等规定的各项职权，全面负责教学、科研、行政管理工作。校长治校主要指具备完善知识素质与独到办学理念的校长作为学校行政管理的指挥者和行政系统的执行中心，全面落实和执行党委的决策和部署。可以理解为党委是学校的领导者，而校长就是学校的执行者与运行者，二者相互结合、相互促进、相互监督，能有效地发挥学校的整体功能。而随着高等教育事业的发展，高校逐渐出现办学主体多元化、办学形式多样化的趋势，大学的功能也不断扩展到了学术、经济、政治、社会等更为广泛的领域。①这些新形式、新环境促使大学的管理走向专业化、复杂化、企业化。面对大学管理的新局势，要求校长不仅应具有广博的科学文化知识，善于治学育人，而且要从实践的教学、办学活动中，总结创造出独具特色的管理思想和办学理念，从而更好地解决校内事务，协调学校与政府、社会、市场的关系，使学校稳定、快速、健康地向前发展。

第三，学术自由。大学自治、学术自由是现代大学的本原精神，也是现代大学制度的核心理念。一切现代大学制度的构建都离不开这个最根本的大学精神。

① 孙雷：《现代大学制度下的大学文化透视》，光明日报出版社 2010 年版，第 13 页。

学术自由作为现代大学制度追求的目标，主要指教师和学生在学习和探索科学知识与真理的过程中，不受学术以外其他因素的干扰，自主解决学术上的各种问题，自由地表达自己的学术观点。其核心是学生有自己保卫其独立思想、研究及表达的权利。① 历史上真正践行学术自由理念的仍然是柏林大学。柏林大学第一任民选校长费希特就提出要"自由探索真理作为大学的办学宗旨"。同时，德国还是人类历史上第一次将学术自由进行法制化的国家，表现为把"学术自由"写进《宪法》中去，正是从国家法律和实践层面践行学术自由这一大学理念，为使德国成为世界科教中心奠定了基础。当今世界一流的大学也几乎都是践行学术自由的大学理念的，这是一流大学的重要标志。

学术自由理念是大学发展思想上的促进大学发展的特殊自由。主要包含"教学和学习自由"和"尊重自由的科学研究"，这是大学人的基本自由形式，在这个前提下，大学教师可以充分进行科学研究、自由传递文化知识、探寻真理和自由探讨高深学问。就其内涵来说，学术自由包括两个方面的自由:"外在的自由"和"内心的自由"。外在的自由更倾向于保障和条件方面的自由，主要是为学者进行自由研究提供基础;"内心的自由"则是主体本身精神层面的自由，它意味着实现学术自由是学者的一种内在的高层次、高境界的需求，超越物质、超越社会功利而与社会保持一定距离的自由，彰显的是学者的尊严与独立。

大学自治发源于近代大学的产生过程中，指大学保持自己相对的独立性，不受大学外部干扰，独立地处理大学内部的事务，它是大学制度中最有价值、历史最悠久的大学制度。大学自治制度对大学的发展起到了十分重要的作用，使得大学在近千年的发展历程中相对独立并产生积极作用，使得大学组织有别于其他行业组织，它有效抵御了大学外部各种影响因素对大学发展带来的可能的消极作

---

① 孙雷:《现代大学制度下的大学文化透视》，光明日报出版社 2010 年版，第 14 页。

用，使得大学内部的学术自由得以实现。

第四，教授治学。教授治学是教授对大学教育实行民主管理的一种制度，它是现代大学制度的基础，主要是指大学实行教授对学校的教学、人才培养和学术研究的民主管理，使之在学科建设、专业设置、科研和教学改革等学术领域行使其决定权力，充分体现大学办学以教师为本的思想。① 教授治学确保了学术权力在大学治理结构中的地位和作用，有效地实现学术权力与行政权力的合理划分。教授治学具体的表现为：一方面是研究学问和教书育人。其中研究学问是为了掌握最前沿、最科学的知识，并最终将这些知识融入实践的课堂中，从而提高教育教学的质量，培养出知识素养高、创新能力强的学生。而教书则是为了传授知识，使知识、文化在传递中不断深化与创新，达到育人的目的。另一方面是积极参与学校内部民主管理，落实学术权力。教授作为学术的权威、师生的代表，他们不仅对学术有着深刻的理解，也对师生的需要与发展有着深入的了解，让他们参与学校管理，充分发表意见，能够全面协调教师、学生与学校的关系，更好地规划大学发展的蓝图。

第五，民主管理。民主管理是高校科学管理的基本模式，是现代大学制度的本质要求。主要指大学主体通过民主管理机构依法直接或间接地参与学校事务，实现自身民主管理、民主监督等权利的一种管理模式。高校民主管理的主体是高校内部利益的相关主体如高校行政管理人员、教职工和学生，其运行机构为教职工代表大会、学术委员会、学代会等组织机构。学校实行民主管理，一方面能使广大师生享有参与学校管理的权力、决策学校事务的权力和监督学校行政工作的权力，进一步提高他们的权利意识和主人翁意识，将他们的集体智慧充分发挥出来，进而实现学校的正确决策与科学管理，保障学术的自由、学生权利制度的完善；另一方面，它能有效监督高校的行政权力，平衡高校内部各利益主体的权利。它

---

① 陈奇：《论现代大学制度下高校内部治理结构的构建》，《漳州师范学院学报》（哲学社会科学版）2011 年第 4 期。

能发动教师和学生对学校实行民主监督,使行政领导者树立全心全意为师生服务的理念。民主管理本质上可以使高校权力结构发生重新调整,使得学生权利和行政权力、学术权力置于同等地位,实现三者权力的制衡,从而有效地预防权力的绝对化。①

三　现代大学制度的结构

根据现代大学的利益相关者及其大学的运行特性,我们将现代大学制度的结构划分为内部制度和外部制度。

(一) 内部制度

大学的内部制度主要解决两个方面的内容:第一,解决学术权力与行政权力的边界问题,即如何通过现代大学制度的内部制度的设计,让大学回归学术本质,明确学术权力的范围,解决大学运行的最本源的问题,因为大学是学术组织,大学的运行是以学术性为根本的。而行政权力是为学术权力更好运行服务的,行政权力有自己的边界,要实现大学治理的现代化,必须解决学术权力与行政权力的关系。第二,通过现代大学内部制度来提高现代大学治理的效率问题。随着高等教育的发展,大学组织变得越来越复杂,大学由中世纪之初的只具有单纯的职能的组织发展到现在的多职能的复杂组织,大学也由社会的边缘走向社会的轴心,大学治理也变得越来越复杂,效率也就成了大学治理的现代化的重要内容。

在大学内部的权力关系中,行政权力和学术权力的冲突是最重要的表现形式,大学内部的关系也是围绕这一冲突展开的。大学是探讨高深学问的地方,是学术组织,大学的一切活动理应围绕学术进行,因为这是大学得以存在和永续的理由所在,离开了这一点,大学也就不成其为大学了,大学的根本价值也就丧失掉了。行政权力是大学在历史演变过程中,随着组织的复杂和大学日益走向社会轴心而产生的重要的职能,它对于大学学术生产和人才培养的效率保驾护航,为学术顺利进行提供条件。随着大学的日益发展二者的

---

① 梁瑜:《大学生参与高校民主管理的价值和原则》,《教育与职业》2012 年第 14 期。

冲突也就在所难免了。二者的冲突的表现形式主要有三种：第一，行政权力大于学术权力，大学成为行政或者政府的附属；第二，学术权力大于行政权力，行政权力为学术服务，尊重学术的规律和大学作为学术活动的本质，秉承的是一种服务理念，即行政是为学术服务的，现在的世界一流大学基本是秉承这种模式的，但是，随着实践的深入和大学运行过程中学术依赖的增强，各国的行政权力呈现加强的趋势；第三，基本平衡的关系。这是一种理想的模式。二者各司其职，相互做好各自定位。因此，要处理学术权力与行政权力的关系，必须设计好大学内部制度。

1. 教授治学

教授治学是教授参与大学管理的重要制度设计，是保障大学内部学术自由的制度设计。教授群体代表一所大学最高学术水平，教授参与管理，意味着学术权力参与大学治理，通过教授治学可以将学术自治与学术自由紧密联系在一起，为构筑学术共同体打下基础，从而形成基础的组织制度。大学的教授治学制度的确立，可以提高大学教授在大学治理中的学术地位，凸显学术在大学发展中的核心作用，保持大学精神和大学学术本色，为大学去行政化提供实践价值。

2. 校长治校

世界一流现代大学发展告诉我们，杰出的大学校长对于大学的发展起着关键性的作用。随着大学组织日趋复杂，大学的内部分权越来越明显，大学治理的复杂程度比以往任何时候都高，需要大学众多利益相关者相互协调沟通，处理好大学内部的各种关系，而大学校长在其中的作用更加凸显，因此，在现代大学制度中，加强校长治校的内部制度设计对大学治理现代化意义重大。

当然，校长治校对大学校长的素质和学术影响力要求更高。校长首先是学术界的学者和教育家，作为学者和教授的校长，必须在相关的学术领域内有着一定的影响力；作为教育家，校长要深刻理解教育理念，遵循教育规律办学，形成独特的办学理念，具有很强的教育管理能力，善于处理好大学内部和大学外部的各种关系。确保大学校长拥有充足的办学自主权是实现现代大学校长治校的关键。

3. 学生自主

学生是现代大学众多利益相关者中最重要相关者之一,属于核心利益相关者,是学校教育的主体和客体,学生是大学中最活跃、最具创造力的群体,也是大学赖以存在的理由,因此,学生理应是大学治理结构中的重要权力。但是在我国现在的大学治理中,学生没有应有的自主权,相关调查显示,超过20%的学生所读的专业不是自己高考的第一志愿,进校以后不能自主选择自己感兴趣的专业,导致对所学专业的认同度不高;在课程设置、培养方案制定选择上学生只有被动接受,学生参与学校的决策权力十分有限;大学的学分互认制度没有建立等,学生的自主权不够,需要进行制度设计,使学生在自由发展中的选择和学校的决策管理参与上有更大的自主权。

4. 教学个性化

目前我国大学教学还是沿袭传统的以讲授为主的灌输式的教学模式,还停留在西方发达国家一百多年前的教学模式阶段中,与现代大学的人才培养的宗旨不相适应,没有贯彻"以人为本"的教学理念,没有实施"因材施教",没有体现教学个性化。《教育规划纲要》就明确提出"以人为本"和"提升质量"为指导思想,这就需要在大学制度的设计中贯彻教学个性化,在课程设置、教学方法选择和学分制改革中,尊重学生的个性化,真正形成学生学习自由的大学制度,为培养高质量的人才奠定制度基础。

5. 科学的管理制度

科学的管理制度是现代大学制度中的重要制度安排,包括战略管理、质量管理和民主管理的内部制度设计,这也是大学发展至今各种管理制度建设与社会发展相适应的要求,或者说大学管理制度安排也应该与时俱进,以应对复杂的组织环境的需要。

战略管理。战略原本是用于军事上的术语,20世纪60年代,战略思想开始运用于经济领域,并与达尔文"物竞天择"的生物进化思想共同成为战略管理学科的两大思想源流。战略管理最先用于企业管理领域，是对企业经营活动实行的总体性管理，是企业在实现目标的过程中进行的一系列管理决策与行动，涉及企业的组织结构、人员岗位、管理流程、绩效评价、信息支撑系统等。战略管理体系包括制定战略、实施战略和评估战略，三个阶段形成循环，促进企业的良性发展；战略管理的目的是挖掘和创建新的发展机会，获得持续竞争优势，实现企业长期的发展目标；战略管理的前提是企业必须适应外部经济环境；战略管理的基础是立足企业内部资源能力；战略管理的关键是制定正确发展战略；战略管理的核心问题是使企业自身的资源和能力与外部经营环境相适应，优化资源，提升竞争能力，求得企业长期生存与发展。随着战略管理思想的广泛运用，战略管理思想被运用于教育领域，大学开始重视战略管理，期望通过战略管理实现大学目标，提高管理效率，使得大学这一复杂组织的运行适应于社会经济发展的需要，特别是大学组织由社会边缘走向社会中心以后，社会需求与大学办学之间的矛盾变得日益突出，促使大学不断反思自身，不断满足社会的需要，这就需要大学加强战略管理，以战略管理思想为办学理念，不断提高大学的办学效率，提升竞争力。

质量管理。质量管理是指确定质量方针、目标职责和程序，并在质量体系中通过诸如质量策划、质量控制、质量保证和质量改进使其实施的全部管理职能和活动。其不仅包括在制品的制造现场所进行的品质检查，还包括在非生产部门为提高业务的执行质量所进行的综合性的品质管理。质量管理的发展经历了三个阶段：质量检验阶段、统计质量控制阶段和全面质量管理阶段。在教育领域引入质量管理主要在于质量控制和质量改进，对于人才培养质量和大学运行的效率十分重要，大学的质量管理包括学校内部的教育教学、科研等各项工作的管理，它是现代大学质量管理的核心，大学质量管理的关键是要逐步建立以大学质量保障体系和监控机制为核心的现代大学质量制度。在大学规模扩张和高等教育进入到大众化的阶段，质量管理在大学发展中更加重要，建立适合大众化时期高等教育的质量标准，确立多元的质量评价标准是质量管理的关键。

　　民主管理。民主管理是指根据"以人为本"的管理思想，实施的一种群众参与下的多数人管理多数人的管理。通过民主管理来唤醒人的主体意识，弘扬人的主体精神，发挥人的主体能力，是管理者所追求的一种管理艺术。民主管理是我国政治民主建设的重要内容，民主管理是推动现代大学制度建设的必然要求。从大学发展的历史和现代大学的管理现状看，民主管理是现代大学进行科学管理的基本准则。《中华人民共和国高等教育法》第十一条规定："高等学校应当面向社会，依法自主办学，实行民主管理。"在现代大学制度建设过程中，民主管理是现代大学内部制度建设的基本原则。大学是学术组织，其根本属性是学术性，大学成员在学术共同体中民主平等地探讨高深学问，在大学的各项决策中也应当民主决策，充分发挥以教授为主的学术委员会和以管理干部为主体的校务委员会的民主决策机构的作用，努力建立大学人员积极参与到大学管理活动和监督活动中的民主管理制度。

　　（二）外部制度

　　现代大学制度的外在制度是指协调大学与政府、大学与社会、大学与大学之间关系的制度。现代的大学处于社会中心，必定会与大学的外部环境发生各种联系，大学在处理好与外部关系的时候应该遵循什么原则，内容是什么等涉及现代大学制度的制度安排。

　　大学与政府之间的关系是现代大学必须面对的事实。大学与政府之间是什么关系，它们之间的距离是多大，在二者的关系中，政府和大学的角色是什么等问题是建设现代大学制度必须解决的问题。大学与政府的关系经历了对抗、控制到合作的过程。控制与自治的矛盾是大学与政府关系永恒的主题，只是在不同的阶段，这一矛盾的激化程度和表现方式不同。由于社会的发展，政府的职能也在发生变化，这就要求政府与大学必须建立起平等、合作的关系。总的来说，政府对大学的干预和影响在逐渐增强，但其干预的方式开始由直接转向间接。政府对大学最常使用的干预方式如交接、经费资助、通过中介组织进行管理，但具体来说，立法成为干预的主要方式。通过法律明确政府和大学双方的权利和责任，这就使得两者关系较少受到主观、偶然等非制度性因素的影响。

大学与政府、大学与社会之间的关系既不是线性的（政府指挥大学，大学适应社会），也不是平面的（大学与政府、大学与社会、政府与社会），而是立体状态的（三者共存于一个时空下，共生于宏观的社会范畴之中，每一个角度都有可能发生关系，随时随地产生新的联系，这些关系的表现形式可能是单一的角色行为，也可能是角色之间联合以后的行为）。从外部观察，你中有我，我中有你，而进入内部，则各自呈现有序的特征，且自成体系。

在现代大学的各个利益相关者中，政府是主要的利益相关者且是现代大学外部制度的设计主体。因此，大学外部制度的设计必定考虑大学的各个利益主体参与，并满足利益主体的合理需要。具体来说，大学的外部制度主要在以下几个制度设计中。

法人制度。现代大学制度的核心之一是大学面向社会自主办学。目前在大学与政府的关系重构中，大学的办学自主权的落实情况是现代大学制度建设的关键，而能否落实办学自主权，直接取决于大学作为办学法人实体在利益和权利两方面的独立状态。大学应该是独立的经济利益主体和办学主体，大学作为真正独立的高等教育的基本办学者，其独立的经济利益，需通过独立的办学自主权才能得到保障。高等大学法人制度意味着大学拥有法律赋予的地位和权利，是拥有独立的权利、责任和利益的法人实体。

产权制度。产权制度是现代大学制度的重要内容。明晰产权实质是落实大学的办学自主权。创建现代大学制度一方面要解决国家教育权与学校产权的区分问题，同时，也可以大力发展民办教育。另一方面要协调学校产权与法权关系，大力推进民办教育立法工作，保障民办教育的平等地位和合法权益。

中介制度。中介制度是大学制度的组成部分，它的功能是多样的，除拨款外，还可以进行评估、审议、监督等。其中高等教育管理中的评估中介制度还有着保障学术自由的功能。其原因在于：对高校的评估，必然要牵涉对高校学术水平的评估，这种专业化的评估通过由各方面专家组成的中介组织来进行就既保证了评估的可信性，又确保了高校的学术自由。比如法国的"国家评估委员会"，香港的"香港学术评审局"等。

（三）内外部制度的关系

宏观的现代大学制度更多地反映着社会外部的要求，它往往是社会政治经济制度在大学制度上的缩影，表现出明显的时代特征。而微观的大学制度——内部组织形式和权力体系更多地积淀了大学的历史和传统，体现着大学自身的特性和主体逻辑。现代大学的本质和特性是建立现代大学制度的基础。影响大学的力量来自三方面：市场的、政治的和大学本身的，它们对大学发展方向及其稳定性所起的作用，取决于三者构成比例的大小及相互作用时各自力量的变化。我国政府是高等教育制度创新的主体，但是，以高校为主体的诱致性制度创新却是我国高等教育制度创新的现实选择。理由是：其一，内部规则与外部规则相割裂，易造成制度创新环境僵滞；其二，政府强势学校弱势，易形成"大政府、小学校"，造成高校制度创新乏力；其三，政府偏好和信息不对称，易导致"政策失败"，制度创新难以深入。

第二节　现代大学制度的历史演变与发展

一　大学制度的形成

大学制度的历史演变与大学的历史发展息息相关。大学在成立之时，就有相应的制度安排适应大学的发展。纵观近代大学的发展史，可以发现中世纪大学是近代大学的源头。巴黎大学、意大利的博洛尼亚大学以及英国的牛津大学、剑桥大学是中世纪著名的大学，他们成为学者探讨学问的场所，成为新思想、新文化和科技的发源地。在这个过程中，大学里学者们为捍卫学术本质，建立了学院制和导师制等大学制度，从中世纪大学创立以来一直影响到现代大学，为世界高等教育发展在制度上作出了重大的贡献。

19 世纪初，德国的洪堡创立柏林大学，将"大学自治、学术自由"确立为现代大学的根本理念，提出"教学与科研相结合"的大学原则，形成了大学的第二职能，为使德国成为世界科教中心奠定了坚实的基础。"大学自治、学术自由"也成为世界高等教育发展的基本价值和基本准则。现代大学的这些基本制度成为现代大学的标志，现代大学制度也就被确立了。

二 现代大学制度的建立

近代大学始于欧洲中世纪大学，从最早的博洛尼亚大学诞生至今，西方大学已先后经历了宗教改革、文艺复兴、启蒙运动、工业革命、全球化等诸多社会变革的洗礼，大学地位也在更替中几经沉浮。尽管这样，但是大学作为学术属性的根本和以学术为本建立的"学术自由、民主管理、大学自治"等理念没有因为社会的更替而发生变化，大学也在不断适应内部和外部环境的变化，形成了适应大学发展的制度——现代大学制度。而东方国家现代意义上的大学的建立与发展主要移植自西方大学，这也和当时的政治环境、文化传播等因素密不可分。

三 现代大学制度的发展

在全球化不断加深的当下，世界范围内的大学制度正朝着同质化的方向发展。现代大学的精神如学术性、开放性、人文性在逐渐加强，大学向着卓越性发展。"大学自治、学术自由"的制度理念、大学治理的现代化理念也在随着全球化的发展在世界范围内迅速扩散。从而导致世界各国大学的组织制度越来越相似，大学制度出现同质化倾向。

现代大学制度的发展正趋于开放化。现代社会的发展要求大学制度需要开放化。这种开放不仅仅包括对硬件条件、学术人员交流、学术上互动的制度设计，更是包容的态度、敞开的胸襟，体现在大学管理、科学研究、学生培养等各个层面的制度设计中。让大学制度在开放的环境中，交流建设经验，博采众家之长。

现代大学制度的发展正趋于内涵化。目前，现代大学已经趋向于内涵型发展，注重大学章程和法制大学建设，确立大学法人地位,赋予大学获得更大的自主权,发挥大学的主观能动性,探索建设适合自身发展的制度。同时,全世界都在关注高等教育质量,进一步推进大学评估工作,让现代大学制度能够更加体现大学理念和大学精神。

第三节 现代大学制度的价值导向

作为对大学学术属性进行保障的内外部制度安排,现代大学制度对现代大学发展的理想模式设计具有明显的价值导向,反映了现代大学的精神与理念、大学的学术价值和大学的创新价值。

一 现代大学精神与大学理念

(一)大学精神

对于现代大学精神的精髓可以概括为:坚持科学精神与人文精神的统一、学术自由与服务社会的统一、开放与包容的胸怀和大学的创新精神。大学精神是指引大学前进的灯塔。现代大学精神是在近代大学精神基础上发展形成的具有时代价值和古典精神的统一体。大学精神具有独特的价值追求,是大学的文化在大学发展中的内在气质的体现。

具体说来,现代大学精神包含了学术自由精神、科学精神、人文精神、开放包容精神。学术自由精神是大学的灵魂,是大学区别于其他组织的本质属性。要实现学术自由,必须保持大学与社会的适当距离,不受外界的干扰,营造具有浓厚学术氛围的环境,自由充分地进行教学和研究。要实现学术自由,必须超越在追求学术的过程中大学外部给学术人带来的限制。这种限制主要表现为外在的限制和内心的限制,要超越外在的限制必须进行大学制度的建设,实现大学自治;要超越内心的限制,需要主体不断超越自我,实现内心自由。

(二)大学理念

主要是学术自由、大学自治、教授治学和校长治校。

大学自治理念，是指大学在运行的过程中不受大学外部因素的影响，包括不受政府和社会各种力量的干扰，独立自主进行办学。大学自治的目标是学术自由。学术自由是大学自治的指导思想，大学自治是实现大学学术自由的制度保障。大学自治并不意味着大学完全独立于政府和社会存在，政府和社会对大学也有一定的积极影响。

教授治学理念，是指大学人自主主导和管理大学的学术事务的理念。大学的本质是学术性，在进行学术活动过程中，大学教授发挥应有的作用以促进大学的办学自主权，由于受计划经济影响，我国大学的办学自主权十分有限，大学应该有的专业设置、师资引进、课程和科研课题的研究以及学位评定等由政府控制，政府管得过多、太细，教授治学的理念没有得到落实，与大学的学术自由理念存在较大的差距。因此，在现代大学制度建设中，需进行改革，将大学教授进行的学术权力落实到大学，以此来促进学术自由和民主管理的实现。

校长治校理念。大学校长对于大学的发展至关重要。坚持校长治校就是发挥校长在大学运行中的核心作用，完善国家规定的党委领导下的校长负责制，建立大学治理现代化体系，实现大学治理能力的现代化。

二 大学的学术价值

"学术属性是大学的本质属性，也是大学发展的灵魂。"大学之所以发展到现在保持常青，就在于其学术性。学术自由是大学维持和发展的根基，它需要现代大学制度为其保障，于是，大学自治也就成了现代大学的基本管理和治理理念。所以，发扬学术精神，维护学术自由，推进学术进步，成为大学发展的永恒主题，更成为影响大学兴衰成败之关键因素。

学术性是现代大学制度建设的核心理念和根本原因。我们要进行现代大学制度建设，必须坚持学术根本。从认识论的高等教育哲学中我们也知道，大学存在的原因在于高深知识，也就是说知识生产是大学的根本，现代大学制度必须围绕这一根本进行。"中世纪大学的历史加强了这样的观点，如果要使智力活动的契机不被消散，那么在取得学术成就之后，必须迅速做出制度上的反应。缺乏固定的组织，在开始时也许为自由探究提供机会，但是经久不息和有控制的发展只有通过制度的构架才能得到。"

现代大学制度的存在与发展同样如此。伴随着现代社会的瞬息万变和大学条件的变迁，为了更好地实现学术目的，作为维护和保障现代大学健康运作的制度体系，现代大学制度也需要根据大学内外部的变化进行调整和变革，不断加强自身建设。

三　大学的创新价值

大学创新价值主要从大学的三大职能上得以体现，即教学创新价值、科研创新价值、社会服务创新价值。

教学创新价值是指在人才培养活动过程中，师生在教与学的互动中，在知识和技能等方面所取得的创新能力。大学的首要职能是人才培养，因此，人才培养的质量高低是衡量大学教学创新力的核心要素。

科研创新价值是指大学从事科学研究能力。科研创新能力是衡量一个大学原创力的主要因素，是真正体现大学学术性的核心，大学通过科研创新，实现推动人类社会向前发展的动力，在科研中还需要处理好科研与教学的关系，将科研的成果应用于教学中，为培养创新人才打下基础。

社会服务创新价值主要指大学的社会服务为社会发展创造的价值，包括大学教育对经济发展的贡献、对人类科技发展的贡献、对创造人类文明的创新力等。

第四节　伦理、制度、制度伦理、现代大学制度与现代大学制度伦理

一　伦理

"伦理"一词，是一个司空见惯的词，一般认为，"伦"是指人伦辈分和秩序，"理"是指道理。"伦"、"理"两个字合起来就是

一种关系，一种处理人与人、人与社会之间关系遵循的基本准则和规范。其实从词源学上来考量，"伦理"一词在中国文化中有丰富的含义且出现时间很早，"伦"、"理"早在春秋战国时期便已出现在《尚书》和《诗经》等典籍之中。依照《说文解字》中的解释，"伦，从人，辈也，明道也"，这里所说的"辈"，原意是指车的排列次序，引申至人际关系中则指代辈分和顺序。因此，"伦"所蕴含的是人际关系中的群、类和顺序。"理"所表示的是依照玉石的纹路对其进行加工，后逐渐被赋予了形容事物内在的机理、规律、准则或秩序的含义。同样依照《说文解字》里的解释，"理，从玉，里声，治玉也"，"理"所指代的是对于玉的细致加工，其含义逐渐引申为原则与规范。

将"伦"、"理"结合为一个概念来使用的先例最早见于《礼记》，"凡音者，生于人心者也。乐者，通伦理者"，这里的"伦理"指代的是事物的条理和规则。后伦理逐渐转变为专门用于形容人伦关系的用语，"伦理指的是人际关系事实如何的规律及其应该如何的规范"。①②

西方语境下的伦理意蕴作为英文中表示"伦理"含义的"ethic"一词发端于希腊文中的"ethos"，其本意原为人群所共同所在的地方，后逐渐开始带有风俗与习惯的含义。古希腊先贤亚里士多德是伦理学的创始者，其对伦理学的理解即是建立在风俗的基础上的，在他看来，风俗习惯的熏陶即为伦理德性产生的根源所在。③因此，在西方语境下，伦理最本初的含义即为"风俗、习惯以及在其基础上所形成的（带有区域性的）品格或气质"。④后经时间的不断推移，伦理的内涵得到了不断地扩充，"作为考察人类行为是非善恶的主要表现的外在风俗习惯和内在品质气质，构成了西方文化

---

① 朱贻庭：《伦理学大辞典》，上海辞书出版社2002年版，第14页。
② 王海明：《伦理学原理》，北京大学出版社2001年版，第80页。
③ 王海明：《伦理学原理》，北京大学出版社2001年版，第80页。
④ ［古希腊］亚里士多德：《尼可马科伦理学》，中国社会科学出版社1990年版，第25页。

中伦理的内涵"。①

通过以上的简要对比,不难看出,虽然在表述方面和内涵上存在一定的差异,但中西双方均认可伦理的"价值评判意义",是一种对于个体的社会关系的应然性认识。在此基础上,本书认为,"伦理"指的是处理人与人、人与社会之间关系遵循的基本准则和规范。

二　制度

制度是一个耳熟能详的概念。对于什么是制度,不同的学科对其理解不同。政治学、经济学、哲学、教育学等对其基于自己的立场进行了阐述。正如卡尔·曼海姆所言的那样:"同一术语或同一概念,在大多数情况下,由不同境势中的人来使用时,所表示的往往是完全不同的东西。"②"文献中的'制度'一词有着众多和矛盾的定义。不同学派和时代的社会科学家们赋予这个词如此之多可供选择的含义,以至于除了将它笼统地与行为规则联系在一起外,已不可能给出一个普世的定义来。"③ 所以对于什么是制度的内涵也就千差万别了。要研究制度问题,有必要对制度内涵作一些分析和探讨。

古今中外众多思想家和学者都对什么是制度进行了论述。柏拉图在其《理想国》中已提出"什么是最好的国家制度"的命题,不同学科、学派有不同的制度理论观点。舒尔茨认为制度是一种涉及政治、经济和社会行为的规则。④ 将制度定为"一种行为规则",这些规则涉及社会、政治及经济行为,并列举了一系列的制度。他对制度的定义具有广泛性的特点,凡是制约人们行为的政治、经济、法律、社会规则都属于"制度"范围。诺思从变迁的角度来分析制

---

① 樊浩:《中国伦理精神的历史建构》,江苏人民出版社 1992 年版,第 21 页。

② 韦森:《博弈论制度分析史上的第一块里程碑》,《财经》2004 年第 2 期,转引自[美]安德鲁·肖特《社会制度的经济理论》,上海财经大学出版社 2003 年版,韦森序言第 5 页。

③ [德]武钢、史漫飞:《制度经济学》,商务印书馆 2000 年版,第 32 页。

④ [美]舒尔茨:《制度与人的经济价值的不断提高——财产权利与制度变迁》,上海三联书店 1994 年版。

度，认为制度是经济史中的结构，"制度提供了人类相互影响的框架，它们建立了构成一个社会，或确切地说一种经济秩序的合作与竞争关系"，其制度变迁理论代表作是《经济史中的结构与变迁》，其中的"结构"就是"制度"的意思。"制度是一系列被制定出来的规则、守法秩序和行为道德、伦理规范，它旨在约束主体福利或效用最大化利益的个人行为。"① 诺思还提出："制度是为人类设计的、构造着政治、经济和社会相互关系的一系列约束。"②

除此以外，学者还从不同的角度解释了制度的概念，如认为"制度既包括正式的书面规范，又包括非正式的惯例或习惯"。③ 不论是前者还是后者，分为正式的制度和非正式的制度。在日常生活中人们谈到"制度"一词，与学术界的含义存在较大的差异，更多的是从正式制度的层面来论述的。在社会科学研究中，制度是在法学、伦理学、政治学、管理学、经济学和社会学等不同的学科领域广泛应用的概念，不同的领域对制度的理解不同。在法学中，人们习惯于将制度等同于法律和各种规章等。在伦理学中，制度主要是指人与人之间具有的规范关系范畴。在管理学、政治学与社会学中，制度的含义除了处理人与人之间关系的规定外，还特指组织机构的意义。④

罗尔斯认为，"制度理解为一种公开的规范体系，这一体系确定职务和地位及它们的权利、义务、权力、豁免等等"。⑤ 罗尔斯的理解，更多的是从社会成员权利、义务等方面进行强调。斯宾塞认为："制度是履行社会功能的机构。"⑥ 而美国的亨廷顿则认为："制

---

① ［美］诺思：《经济史中的结构与变迁》，上海三联书店1994年版。

② 同上。

③ 别郭荣、吴国娟：《论大学制度的公正性》，《教育研究》2006年第7期。

④ 朱贻庭：《伦理学大辞典》，上海辞书出版社2002年版，第271页。

⑤ ［美］罗尔斯：《正义论》，何怀宏等译，中国社会科学出版社1988年版，第50页。

⑥ ［英］米切尔：《新社会学词典》，上海译文出版社1987年版，第177页。

度就是稳定的，受珍重的和周期性发生的行为模式。"①

"制度提供了人类相互影响的框架，它们建立了构成一个社会，或确切地说一种经济秩序的合作与竞争关系"。"制度是一系列被制定出来的规则、守法秩序和行为道德、伦理规范，它旨在约束主体福利或效用最大化利益的个人行为。"尽管现代经济学家对制度的定义表述有所差异，但基本的含义是一致的，即都认为制度是一系列规则系统（不同层次和不同方面的规则），它界定人们的选择空间和相互间的关系，制约、激励和影响着人们的行为，制度就是以规则为核心的系统。这种规则最根本的两种作用就是激励和规范。它们指出个人能做或不能做，必须这样做或必须不这样做，可以做或不可以做的事。

我国学者辛鸣教授在《制度论：制度哲学的理论建构》中从系统论的视角提出，制度不单纯是由规则构成，还包括对象、理念、载体等。他指出规则是指制度的内容，如基本准则、标准和规定。完整的制度系统是由规则、对象、理念和载体四大要素构成的。任何一个真正的制度都必须具备这四大要素，缺少任何要素，制度都是残缺的，甚至是不存在的或者名存实亡的。虽然这两种划分方法具体观点有所差异，但是都运用了系统论的思维方式来分析制度。理念和非正式制度相近，规则和正式制度相近，而对象和载体正是实施机制的重要构成要件。这为我们用制度理论分析大学行政化，提供了很好的思维方式和方法。

在新制度经济学中，通常情况把制度看作是推动人们之间经济活动得以有效进行的"博弈规则"。博弈规则主要分为两大类：一类是正式规则（宪法、产权和合同）；另一类是非正式规则（规范和习俗）。"制度安排可能最接近'制度'一词的最通常使用的含义了。安排可能是正规的，也可能是非正规的，它可能是暂时的，也

---

① ［美］塞缪尔·P. 亨廷顿：《变化社会中的政治秩序》，生活·读书·新知三联书店1989年版，第12页。

可能是长命的。"① 新制度经济学认为，制度主要是由社会认可的非正式约束、国家规定的正式约束和实施机制三个基本要素构成的。非正式制度亦称非正式约束、非制度化规则，是社会共同认可的、不成文的行为规范，主要包括价值信念、伦理规范、道德观念、风俗习性、意识形态等因素。② 其中意识形态处于核心地位，不仅可以蕴涵其他因素，而且还可以在形式上构成某种正式制度安排的"先验"模式。而行为规范、风俗习惯、伦理基础、价值观念等，则表现为前人，或年长者，或多数人的榜样行为模式，即那些在正式制度无法定义的场合起着规范人们行为作用的标准。

正式制度也叫正式约束和正式规则，是指人们有意识制定的一系列政策法规。"正式约束包括政治规则、经济规则和契约，以及由这一系列规则构成的一种等级结构，从宪法到成文法和不成文法，到特殊的细则，最后到个别契约，它们共同约束着人们的行为。"③ 其中，政治规则通常决定着经济规则，例如宪法，规范着一切经济规则。而且，政治规则并不是按照效率原则发展的，它受到军事的、社会的、历史的和意识形态的约束。

实施机制是指有一种社会组织或机构对违反或执行制度和规则的人做出相应惩罚或奖励，从而使这些约束或激励得以实施的条件和手段的总称。实施机制对于制度功能与绩效的发挥是至关重要的。制度安排是否完善及相关组织或机构是否健全并受到有效制衡，违约成本的高低，是否存在对制度安排的执行者的奖励机制，是否存在正确的社会评价机制，这些都属于制度实施机制的范畴。

制度是历史的、实践的产物，而非先验的存在，是在人类为满足自身生存和发展需要，不断改造自然的实践活动中产生和发展的。从直接意义上讲，制度是交往实践的产物，是在交往实践基础上生成的社会关系的存在方式。从根本意义上讲，制度则是生产实

---

① ［美］科斯、［美］阿尔钦、［美］诺斯：《财产权利与制度变迁——产权经济学派与新制度学派译文集》，刘守英等译，上海三联书店1994年版，第271页。

② 卢现祥：《西方新制度经济学》，中国发展出版社1996年版，第21页。

③ 同上书，第24页。

践的产物，是以现实的人及其需要为生成起点的，生产实践的合目
的性在于满足现实的人及其需要的具有稳定性和规范性的规则
体系。①

通过以上分析，可以看出，从本质上看制度就是一种规范。它
产生于克制人性的需要，源于限制和约束人的行为和人的各种社会
关系，从这个意义上说就是社会关系。因此，制度首先是为社会的
秩序和规范而存在的，但秩序和规范也不是其终极价值，其终极价
值是为了人的全面自由发展。作为对人们行为规范的制度，不纯粹
是客观中立的规则体系，而是蕴含价值倾向和应该进行价值判断
的。价值判断的依据就是人们在社会生活和社会实践活动中逐渐形
成的价值观念和价值取向，即有关什么是美好的、善的和应该的等
一系列观念和认识倾向。显然，作为社会的规范体系，制度本身就
蕴含属人的本质和价值规范性的特点。对于制度的价值评判所涉及
的问题，主要是什么样的制度是好的、善的，什么样的制度是进步
的、符合时代要求的，什么样的制度是促进人们发展的等。②

本书认为制度主要是由一系列用以协调、规范和干预个体以及
个体与特定组织之间关系的行为规则或规范，并保障规则或规范实
施的一系列规范体系。我们根据新制度经济学的分类方法，将制度
分为正式制度、非正式制度和制度的实施机制。

三　制度伦理

对于什么是制度伦理，目前学术界存在不同的观点，总体看来，
主要有三种不同的观点：第一种是制度的伦理化，认为制度伦理是
制度本身蕴含的伦理道德要求、伦理价值和伦理评价等，是制度的
合伦理性，包含制度的正义等，实质是将制度作为道德建设的手
段，这种看法看起来有合理性，但是存在一些疑问，就是将制度伦
理等同于制度正义。持这种观点很可能产生制度与伦理之间的思想

---

① 谷耀宝:《中国特色社会主义制度价值简论》，博士学位论文，中共中央党校，
2014 年。
② 高兆明:《制度伦理与制度"善"》，《中国社会科学》2007 年第 6 期。

混乱，制度是一种规范，具有约束的功能，但是，伦理指向人与人之间的关系遵循的准则和规范，那么这种观点很可能陷入规范而严格的制度有点不近人情，从而需要进行权变的矛盾之中，需要我们认真思考。第二种是伦理的制度化，这种观点主张通过道德立法将伦理进行制度化和法律化并在全社会推行，建立与经济制度、政治制度等相提并论的制度体系。这种观点在理论上造成道德约束与法律强制的区别导致二者无差别，从而在实践中行不通。第三种观点认为制度伦理是制度的伦理化与伦理的制度化二者的辩证统一，主张制度安排与道德建设的双向互动，这种观点现在已经成为学界的主流观点。但这种观点没有从真正意义上解决制度伦理的本质，也就是说没有首先在学科属性上对制度伦理进行诠释。

国内较早提出并试图对"制度伦理"下定义的是方军，他认为：从概念上分析，制度伦理不外乎两种：制度的伦理——对制度的正当、合理与否的伦理评价；制度中的伦理——制度本身内蕴着一定的伦理追求、道德原则和价值判断。[①]

尽管这个定义存在科学、严谨和清晰的层面问题，但其指向伦理学上的核心意义是清楚的，它从伦理学意义上揭示了制度的伦理属性，即关于制度的善或好的问题，从制度的伦理价值、道德准则及实践要求对制度伦理进行解释和揭示。

高兆明在梳理制度伦理概念研究的基础上进行界定，他认为：制度伦理分析，其核心是揭示制度的伦理属性及其伦理功能，其主旨是指向"什么是善的制度"、"一个善的制度应当是怎样的"、"何以可能"、"有何伦理价值"等问题。[②]它是中国语境下"制度正义"问题。

倪素襄从伦理学的角度提出了制度伦理的概念，认为制度伦理是对社会性正式组织为主体的规范体系和运行机制的内在联系的伦理思考和要求。它既包括对制度主体的伦理要求，也包括对规范体

① 方军：《制度伦理与制度创新》，《中国社会科学》1997 年第 3 期。
② 高兆明：《制度伦理与制度"善"》，《中国社会科学》2007 年第 6 期。

系和运行机制的伦理安排;既包括对制度本身的道德要求,也包括对制度运行中一系列环节的道德评判和价值判断。① 探讨的是人们社会生活中制度的公正性、自由、民主和法治的价值诉求。

李仁武也从伦理学的角度提出制度伦理的概念:认为制度伦理是蕴含在制度安排中的伦理价值、道德原则以及在制度运行中非这样不可的道德实践原则。制度伦理既包括对制度是否合道德性的伦理评价,也包括对制度安排的道德性如何进行建设的伦理指引。②

本书中,借鉴田雪飞关于制度伦理的概念:制度伦理包含两个层面,首先是对制度伦理实然状态,即对制度本身所蕴含的伦理追求、价值取向的探究;其次是对制度伦理应然状态,即制度的道德价值最终取向的探究,其主旨是指向"制度之善"、"一个善的制度应当包含哪些道德原则"等问题,它不仅仅是"制度正义"问题,还包括制度民主、制度自由、制度效率等其他重要的道德原则。③

四　现代大学制度

现代大学制度是支撑现代大学的存在,保障大学的学术性,并促进大学职能实现的制度。关于我国现代大学制度的内涵,学术界没有形成一个统一的概念,人们对现代大学制度的内涵的分歧较大,不同学者基于不同的研究立场从不同的层面对现代大学制度的内涵进行了阐释,主要有以下五种观点:①认为现代大学制度是以19世纪现代德国大学的制度和现代美国大学制度为代表的现成的大学制度;②认为现代大学制度表现在时间为"现代"的,在大学制度内容上相对于古典的单一的大学职能的大学制度而言的大学制度;③认为中国特色现代大学制度是为解决中国现代大学运行过程中所存在的诸如大学办学自主权不够、行政化和大学管、办、评不分等问题,使大学适应社会主义市场经济和我国社会经济发展的新

---

① 倪素襄:《制度伦理研究》,人民出版社2008年版,第13页。
② 李仁武:《制度伦理研究:探寻公共道德理性的生成路径》,人民出版社2009年版,第5页。
③ 田雪飞等:《我国高等教育制度伦理的维度研究》,《东北大学学报》(社会科学版)2013年第6期。

要求，而建立的独具中国特色的大学制度；④认为现代大学制度是指一种对外能协调政府、社会与大学之间的价值冲突，对内能营造出体现大学优秀传统与精神的文化氛围的制度体系；⑤认为现代大学制度是比照现代企业制度进行的。这些观点，都是基于不同的研究立场从不同的角度出发来分析现代大学制度的内涵和特征的，由于不同学者的研究视角的差异，导致对现代大学制度的内涵存在较大的差异和一定的局限，需要我们厘清。第一，现代大学制度与"现行的"大学制度不能画等号，现代性与当下性是有差异的，它并不代表一定具有当下性。正如别敦荣所言：现代大学制度的发展是大学制度的现代性与古典性有机融通的过程。① 第二，需要厘清现代大学制度的传统性与现代性之间的关系，两者并不是相互对立和相互矛盾的，而是既相互联系又相互区别的关系。传统大学的经典理念还是融通于现代大学之中的，现代大学的本质属性与传统的大学理念是一脉相承的。第三，中国特色的现代大学制度的建设过程是世界大学普适性与我国本土化相统一的过程。世界大学的本质属性具有普适性是大学之所以为大学的本质规定性，我们在建设中国特色现代大学制度时需要按照大学的本质属性进行，但是由于我国国情具有特殊性，我们在建设中国特色的大学制度时要根据我国价值取向而不能按照西方主义的取向来进行。

基于上述对现代大学制度内涵的基本梳理和分析，我们发现，我国的现代大学制度一定是基于我国特定的社会经济发展需要和基本国情基础上的同时具有现代大学根本属性的大学制度，我国的现代大学制度是为了解决我国大学发展过程中存在的问题而设计的大学制度安排。这一制度是既与世界现代大学的本质属性、大学精神、大学理念和文化、大学传统等核心要素相承接，又与我国的政治、经济、文化等基本国情相适应的现代大学制度体系，即中国特色的大学制度体系。其主要内容是，大学在政府的宏观调控下，面向社会依法自主办学，民主管理，全面落实大学作为法人实体和办

---

① 别敦荣：《论现代大学制度的现代性》，《教育研究》2014 年第 8 期。

学主体所应具有的权力和责任的一种管理制度,主要由大学的外部治理制度和内部治理制度构成。① 外部治理制度是指大学与政府和社会关系的制度体系,主要涉及大学办学自主权等问题,包括法人制度、产权制度和董事会制度等;内部治理制度是大学自己对其内部进行治理的制度体系,主要涉及高校内部的组织结构和运行机制等问题,包括学术自由、依法治校、教授治学、校长治校、科学管理制度等。

五 现代大学制度伦理

制度与伦理有一个相同的地方,就是二者都是协调人与人之间交往关系的规范。因此从发生学的意义上看,二者产生的原因具有某种程度上的相似性。从其各自构成元素来看,它们也同时都具有实然的、客观的事实性成分和应然价值判断的成分。因此可以说,伦理与制度基本上是同源同构的,它们共同为制度伦理概念的成立提供了某种可能性。如果制度伦理概念得以成立,那么作为社会制度之一部分的现代大学制度具有伦理性,也就自然而然地成立了。"任何制度,决不会绝对有利而无弊,也决不会绝对有弊而无利。"

那么究竟什么是现代大学制度伦理呢? 根据制度伦理的概念,我们认为现代大学制度伦理是探求现代大学制度建设中的规范体系和运行机制的内在联系的伦理思考和要求。也即是大学制度本身所蕴含的伦理价值诉求以及所要遵循的伦理规范。现代大学制度伦理包括两个方面的内容:一是现代大学制度伦理之实然状态,即现代大学制度本身所蕴含的伦理诉求、道德原则、价值标准,这一状态可能是不尽如人意的,存在着伦理缺失的;二是现代大学制度伦理应然状态,人们对现代大学制度的正当性和合理性所作出的伦理评价、现代大学制度的道德价值最终取向的探究,这是制度伦理的正当、理想的状态,其主旨是指向"现代大学制度之善"、"一个善的现代大学制度应当包含哪些道德原则"等问题。现代大学制度伦理价值

---

① 顾海良:《完善大学内部治理结构 建设现代大学制度》,《学习参考》2010 年第 8 期。

的最终取向应该包括自由、民主、公正、法治、理性、效率等。

第五节　现代大学制度伦理范畴

　　根据现代大学制度伦理的内容，我们认为研究探讨现代大学制度伦理，是为了构建适应现代社会经济发展和大学自身的运行所遵循的学术自由、制度公正、民主管理、大学法治、制度效率的具有中国特色的现代大学制度。现代大学制度的终极善是为了实现大学教育目的，促进人的自由发展。而这个目的的达成，与大学制度的德性，即大学教育伦理密切相关。合理的现代大学制度应该是一个具有自由、公正、民主、自治、法治、效率品格的大学制度。所以，探讨自由、公正、民主、法治、理性和效率这六种基本价值，也就自然而然地成为我们研究现代大学制度伦理的基本范畴。

一　现代大学制度自由

　　自由理念是伴随现代大学诞生的一种大学精神。大学从中世纪走向近代、从近代走向现代的过程中，大学的职能在演变和扩展，但是大学的自由精神和理念一直伴随大学的发展而发展，即使在现代大学从社会的边缘走向社会的中心并成为轴心组织以来，大学的自由精神经历了大学与政治、大学与经济的诸多关系历程中，但其本质没有改变，大学的自由理念一直引导人们不断思索从而激发出人类社会的不竭的创新活力。现代大学制度建设坚守自由之精神和独立之思想，将自由精神融入大学制度建设的多重关系之中，例如，大学与政府的关系、大学与社会的关系以及大学与大学的关系，使得大学职能更加彰显，大学的功能得到有效实现。在大学自由理念之中引领大学前行的最重要的是学术自由，学术自由作为现代大学最核心的理念，首先是思想自由，从大学的发展历程看，中世纪大学的世俗化过程和近代大学走向现代的过程就是科学思想摆脱宗教思想走向自由思想的过程，如果没有思想自由，现代大学可能与中世纪其他行业一样，早已经消亡。大学制度自由的另一个重要表征是大学自治,大学自治与学术自由一样是现代大学发展的思想精髓,大学自治使得大学相对独立少受外界干扰,能真正进行高深知识的探讨,促进人类文明的进步,一所真正的大学应该拥有免予宗教与其他偏见的干扰的自由。① 大学自治是近代大学与时俱来的传统。现代大学在变迁的历程中也在积极继承这一文化传统,这是大学历经千年而不衰的原因之所在。现代大学制度在充分继承了自治传统的精神基础上,自觉根据社会环境条件的变化,在自治上与时俱进。现代大学在发展过程中,融入了现代大学与政府等内部关系的合理元素,保证大学不成为政府的附庸、政治的奴仆,从而保护了现代大学的尊严。

二　现代大学制度民主

"民主"一词源于希腊字"demos",意为人民。其定义为:在一定的阶级范围内,按照平等和少数服从多数原则来共同管理国家事务的国家制度。在民主体制下,人民拥有超越立法者和政府的最高主权。尽管世界各民主政体间存在细微差异,但民主政府有着区别于其他政府形式的特定原则和运作方式。现代大学的发展其实也是一个民主发展历史,从近代意义上的最早的大学,不论是实现学生为中心的大学还是教师为中心的大学的制度安排,其本质就是一种民主制度。大学发展到现代,由于政府控制和干预,大学的民主精神缺失,但是随着学术专业化日益加强,大学规模的扩大,少数知识精英控制大学的模式已经不适应大学的发展,于是,民主精神融进大学,大学制度设计和安排将民主理念作为现代大学制度建设的重要理念。在大学的治理结构中体现了民主的精神和理念,以实现大学办学效益的提高。

三　现代大学制度理性

何为理性?一般词典上的解释主要是两层含义:第一,是指属于判断、推理等活动的(跟感性相对);第二,是指从理智上控制行为的能力。哲学界普遍认为,理性概念至今仍未必可以称为广为

---

① 张学文:《大学理性:历史传统与现实追求》,《教育研究》2008 年第 1 期。

知悉并达成共识，而是歧义纷呈的，故一般以理性主义概括之。在西方哲学史上，一般把理性作为思想核心的学说统称为"理性主义"，它大致包括三个方面的内涵：其一是一种世界观，把世界看成一个合乎理性的世界，人只要运用自己的理性，便可以认识它的规律；其二是一种人生哲学和人生理想，把理性看成人的本质，认为遵循理性指导的生活是最好的生活；其三是一种文化传统，它尊重理性，崇尚科学，重视逻辑思维，相信知识的力量。① 依照这种逻辑思路，可以说，西方哲学史是一部探寻理性的历史，而所谓探寻理性的过程就是"认识"，探寻理性的结果就是"知识"。② 一般来说，西方哲学史对理性的理解和解读基本具备本体论、认识论和价值论三个不同层面的意蕴：第一，从认识论上讲，理性是人类所特有的认识能力与手段，它追求未知领域的知识真理，并探索客观世界的内在规律。典型代表包括欧洲大陆唯理论的天赋理性和英国经验论的经验理性。它们弘扬人的理性能力，推崇科学和技术，相信知识的力量，把科学技术看作改造世界的手段，因而近代理性主义精神与近代科学主义精神是一致的。第二，从本体论上看，理性存在于人脑外的客观精神，是万物的本质和共性，是世界的本体和主宰，其典型代表是柏拉图的理念和黑格尔的绝对理念。他们把理性实体化、本体化，把理性局限于纯粹思辨中，是理性化的上帝。第三，从价值论上讲，理性是人的本质与道德的基础是评判一切事物的准绳。它们把理性作为衡量一切的尺度，并把人性与自由、平等以及其他的社会政治理想融入理性之中，作为理性的基本内容。③

　　制度理性也可称为制度合理性，从马克斯·韦伯的理解的社会学思路，以及法理学对于公正的理解，这种制度合理性也包括两个基本层面，即实质合理性（价值理性）和形式合理性（工具理性）。价值理性是行为人注重行为本身所能代表的价值，而不是看重所选

---

① 张学文：《大学理性失范：概念、表现及其根源》，《北京师范大学学报》（社会科学版）2010 年第 6 期。
② 张学文：《大学理性研究》，北京师范大学出版社 2013 年版，第 41 页。
③ 同上。

择行为的结果，它所关注的是从某些具有实质的、特定的价值理念的角度来看行为的合理性，它是无条件对固有价值的纯粹信仰，不管是否取得成就，它的核心应是强调目的、意识和价值的合理性。价值理性是一种以主体为中心的理性、目的理性、批评理性和建构理性。工具理性是指人们在行动中表现出来的对实现目的、理想而起着重要作用的手段、工具、途径以及建构理性具体方法等格外重视的思维方式和态度，工具理性行为总是努力权衡利弊，选择最佳途径和最佳手段，以尽量少的投入求得尽量多的产出。工具理性往往注重在认识和把握客体对象本质规律的基础上做出精确、合理的表述，从而制定行为规范、准则。① 工具理性的核心是对效率的追求，工具理性是启蒙精神、科学技术和理性自身演变和发展的结果，然而，随着工具理性的极大膨胀，在追求效率和实施技术的控制中，理性由解放的工具退化为统治自然和人的工具。因为启蒙理性的发展高扬了工具理性，以至于出现了工具理性霸权，从而使得工具理性变成了支配、控制人的力量。

现代大学制度是在现代性与古典性演变过程中产生的，我们阐述现代大学制度离不开现代性，现代性与大学制度的理性相关。现代大学制度的制度理性体现在它的价值理性和工具理性两个方面。②

现代大学制度的价值理性是指大学作为一个共同体纯粹出于对大学组织的一种信仰、理念和价值判断而做出的维护大学组织的行为，这种行为因为是在自己所认可的大学理念和信仰指导下所做出的，因此这种追求往往是无条件的，不管这种行为最终能够给大学组织带来什么样的后果，只是强调动机纯正，其他一切都可以不去考虑。比如，出于维护传统的大学自治和学术自由的理念，大学组织断然拒绝各种外来金钱利益的诱惑，尽管大学组织的运行可能已经非常缺少资金。这种决策看似是非理性的，但它实际上是理性的，这种理性就属于现代大学制度的价值理性。大学组织的这种行

① 朱平:《现代大学制度的制度理性》,《现代教育管理》2013 年第 4 期。
② 同上。

为是经过了不同的价值逻辑关系判断的争斗以后，得出的合乎大学组织本质属性的价值理性，这种价值理性是根基于大学组织终极目标的理性，是一种具有浓厚的主观性的合理性。这种基于大学理念的大学制度的合理性是大学组织的保护神，它是大学组织安身立命之所在，确保了大学本质特征的永久性持续留存。正是因为大学制度的无条件价值理性的存在，才保证了大学组织这种作为创新知识和传递知识永远以追求真理为己任的学术组织的存在。

现代大学制度的工具理性是指大学组织纯粹从管理效果最大化的功利性目的出发，制定出的各种大学制度具有典型的目标明确、手段和程序精准、操作上可计算性强和可衡量性强等实用性特征。这种工具理性是与现代社会结构在管理上的日益复杂化相适应的一种合理性选择，具有某种程度上的客观性。现代大学制度的工具理性在高等院校的一个突出表现就是大学组织的科层化，组织逐渐形成了一种上下等级森严的科层组织。大学组织的这种科层化转型使大学在管理效率方面取得的成就是显著的，但是科层化在追求管理效率的过程中也逐渐使学术自由的独创性遭到压抑甚至扼杀。大学科层化组织的很多管理行为不再与大学的理想相联系，而是逐渐演变成为冰冷冷的没有思想和热情的例行公事，进而使最初设立大学这种学术组织的初衷也慢慢地丧失掉，最终导致教育的目的被异化为手段。

四　现代大学制度公正

公正是制度第一美德与首要价值，也是制度伦理的核心价值取向。罗尔斯在《正义论》的开篇就提出："正义是社会制度的首要价值，正像真理是思想体系的首要价值一样。一种理论，无论它多么精致和简洁，只要它不真实，就必须加以拒绝或者修正；同样，某些法律和制度，不论它们如何有效率和安排有序，只要它们不正义，就必须加以改造或废除。"[①] 美国著名伦理学家 J. P. 蒂洛也指

---

① ［美］约翰·罗尔斯：《正义论》，何怀宏等译，中国社会科学出版社 2009 年版，第 3 页。

出："人们很难看到不关心公正的道德体系。"① 我国老一辈伦理学家周辅成对我国古代的"三纲五常"思想进行考证后认为，其中的"义"的本质就是"公正"，"义行"就是"公正行为"。② 学者詹世友持基本相同的观点，他认为："在当代社会中，制度具备美德是一种普遍的诉求，正义是社会制度的美德，而且是首要美德。"③ 温家宝同志特别强调在社会治理中要遵循公正思想，"推进社会的公平与正义，特别是要让正义成为社会主义制度的首要价值"。④

现代大学制度的范畴包括"现代大学制度精神、现代大学法人制度、现代大学行政制度和现代大学职能制度"，⑤ 是现代大学运行过程中的一整套机制、制度体系，其功能是保障现代大学的正常有序运行和大学职能的实现。由于现代大学具有准公共性，现代大学制度也具有公共性、全局性和相对稳定性等特点。制度体系和现代大学制度特点决定核心价值应该是公正的，公正是现代大学制度的首要价值和核心理念。因为，大学是依靠制度维系其存在和秩序的，制度对于大学是不可缺少的，制度的公平正义是衡量社会文明进步的基本准则，是大学得以永续的前提和基础，是大学精神和大学理念在制度正义方面的反映，公正的大学制度能保障大学的良性发展。大学制度公正是大学的价值选择，它对于弘扬大学精神，坚守大学使命具有重要意义。

五 现代大学制度法治：大学章程的视角

法治是现代大学制度伦理中的价值性命题。法治是目的不是手段。法治不是建设现代大学制度的手段而是现代大学制度本身。

---

① ［美］J. P. 蒂洛：《伦理学理论与实践》，孟庆时等译，北京大学出版社 1985 年版，第 148 页。

② 周辅成：《孔子的伦理思想》（上），《中国文化月刊》（台湾东南大学）1989 年第 115 期。

③ 詹世友等：《"正义是社会制度的首要美德"之学理根据》，《道德与文明》2013 年第 3 期。

④ 郭爱娣等：《正义是社会主义制度首要价值》，《京华时报》2007 年 3 月 17 日第 4 版。

⑤ 别敦荣：《论现代大学制度的基本范畴》，《现代教育管理》2013 年第 11 期。

现代意义的法治始源于西方，最早可追溯至古希腊。近代意义的法治理论是由英国的哈林顿、洛克、戴雪，法国的卢梭、孟德斯鸠，德国的康德、黑格尔以及美国的潘恩、杰弗逊共同丰富发展的。这其中如洛克、卢梭、孟德斯鸠等都是从自然法的角度，明确或者隐含地论及法治的思想。但戴雪则是系统地提出并阐释了法治的含义，这就是学界所熟悉的法治三原则："除非明确违反国家一般法院以惯常方式所确立的法律，任何人不受惩罚，其人身或财产不受侵害"；"任何人不得凌驾于法律之上，且所有人，不论地位条件如何，都要服从国家一般法律，服从一般法院的审判管辖权"；"个人的权利以一般法院提起的特定案件决定之"。[①] 戴雪的法治三原则对于反对封建特权，保护公民权利和自由具有重要价值，因而对西方乃至非西方国家的法治理论和实践都产生了重大影响。[②]

比较著名法治原则除了上述外，还有 1959 年国际法学家会议通过的《德里宣言》提出的法治三原则，即：第一，立法机关的职能就在于创建和维护使得每个人保持"人类尊严"的各种条件；第二，法治原则不仅要对制止行政权的滥用提供法律保障，而且要使政府有效地维护法律秩序，借以保障人们具有充分的社会和经济生活条件；第三，司法独立和律师自由是实施法治原则不可缺少的条件，《德里宣言》所确立的法治原则从立法、行政和司法之大传统领域对现代法治生活进行了归纳和概括，表明法治不仅仅只需在程序上做到全面、公正，而且更为重要的是作为这种法治的运作过程"法"本身在实体上公正合理。

与此原则相似的还有新自然法学家富勒的八项法治原则。即：第一，法律的一般性；第二，法律必须公布；第三，法律的非溯及既往；第四，法律的清晰性；第五，法律内部的一致性；第六，法

---

① Dicey A V. Introduction to Study of the Law of the Constitution. London：Macmillan and co，Limited，1959：183 - 201.

② 戴雪倡导一种议会至上、法律主治的英国法治模式，但很多学者认为这种模式不仅有局限于英国经验的缺憾，而且也太追求形式意义上的法治，不能解决确保法律是"良法"的问题。

律的可行性;第七,法律的稳定性;第八,官方行为与法律的一致性。这些法治原则全面系统地为法治运作过程的公正、合理提供了理论指导。

党的十八届四中全会明确提出,良法是善治之前提。"立善法于天下,则天下治;立善法于一国,则一国治。"立善法于教育,则教育治。作为具有独立法人资格的办学主体,大学善治的前提必诉诸善法、良法。除了上位法的良法前提,我们还必须看到大学善治的另外一个"校内法"前提,就是大学章程。作为政府颁发给大学的"特许状",大学章程绝不应是简简单单的"校规",它是有法律效力的,是我国大学"去行政化"的重要法律保障。所以,推动大学善治还必须监督和保障大学章程的实施,使章程的核心理念深入人心,作用得以充分发挥,使大学真正按照章程办学、办事,依章程达善治。

大学章程是大学的根本大法,它反映了一所大学的大学精神、办学理念、管理体制、发展目标和愿景等一系列关于大学发展总的规定。它是在大学法治建设中依法治教的法律基础,是使大学成为独立法人实体的必要条件,是一所大学办学和运行的法律和制度保障。

1. 西方大学章程的历史演变与发展

随着中世纪大学的出现,为了引导大学的运行,中世纪大学章程也随之产生。意大利的大学章程的出现具有里程碑意义。大约在12世纪50年代,在意大利的博洛尼亚大学学生为了自保而联合起来发起了相应的倡议,从而出现了第一个"大学章程"。在1158年,皇帝通过发布法令的方式承认了博洛尼亚的大学地位。13世纪中叶,大学法人化的进程启动,大学章程的主体产生,大学章程也就成了大学的指导法令。随着现代大学的发展,大学治理变得越发复杂,大学章程的作用更为重要,大学所在的市镇议会就开始颁发大学章程。到1819年,著名的达特茅斯学院诉伍德沃德案发生,大学章程的历史发展迈向一个新纪元。

2. 中国大学章程的历史演变

中国真正意义上的高等教育的发端是清末。大学的呈现是政府在外侮和西学东渐的背景下产生的。当时的高等教育机构基本都是政府统一设立的，在此过程中，政府为了便于对大学进行管理和发展，就制定一系列关于高等教育的制度，大学章程也就成为顺理成章的事情。我国近代第一个由政府颁布的学制是张百熙于 1902 年拟定的《钦定学堂章程》（又称"壬寅学制"）。1904 年，进行新的学制改革，即《奏定学堂章程》（又称"癸卯学制"）。1912 年，南京临时政府教育部先后颁布了《大学令》、《大学规程》、《专门学校令》、《专门学校规程》等，使中国高等教育向近代化更进一步。1917 年，北洋政府教育部颁布了《修正大学令》、《国立大学条例》，规定大学"设二科以上者得称大学，其他设一科者称为某科大学"。从这里，我们就能够看到中国早期大学章程的雏形。

3. 中国大学章程的现状

在此之后，党和国家不断地出台各种政策性文件和纲领性意见来推动各校制定大学自治章程，同时，也间接推动了大学依据章程自主管理的进程。1999 年 12 月 2 日，教育部印发了《教育部关于加强教育法制建设的意见》，其中明确提出实现依法治教的观点，文件中要求"各级各类学校特别是高等学校要提高依法管理学校的意识，依据法律、法规的规定，尽快制定、完善学校章程，经主管教育行政部门审核后，按章程依法自主办学"。

2003 年 7 月，教育部办公厅印发了《教育部关于加强依法治校工作的若干意见》，又一次强调要以"学校要依据法律法规制定和完善学校章程，经主管教育行政部门审核后，作为学校办学活动的重要依据，按章程自主办学"作为深入推进依法治校的重要举措。2003 年 11 月，教育部发布了《教育部办公厅关于开展依法治校示范校创建活动的通知》，其中明确指出了大学依法治校的重要标准和要求，"管理制度完善健全。依法制定学校章程，经教育行政部门审定并遵照章程实施办学活动。依法制定教育教学、财务、教师、学生、后勤、安全等各项管理制度，内容合法、公正、公开，并得到切实有效执行"。同时，文件中第一次明确提出，没有自治章程的大学，在此评比中应一票否决。

2006 年 6 月，教育部在吉林大学召开了"直属高校依法治校工作经验交流会"，对各大学章程制定工作提出了具体的工作要求。《国家中长期教育改革和发展规划纲要 (2010—2020 年)》明确提出，要进一步完善各校的章程建设，不仅要在总体上符合国家的各项方针政策的要求，切合社会主义新时期高等教育发展和现代大学制度建设的部署和要求，同时，也必须根据各地区的实际情况，依据地方实际情况，按照教育规律制定本校章程。然而，与此形成强烈反差的是，我国众多的高等学校中，至今仅有不到 30 所高校制定了章程，而且，已制定了自治章程的，也还不同程度地存在制定程序不合规定、章程内容不科学、执行措施难以落实等诸多问题。

上述状况已经表明，无论是在数量上还是质量上，目前我国大学的章程建设还在很大程度上存在问题。所以，我们要深入推进体制机制改革，优化大学结构，完善大学治理体系，全面贯彻落实党的十八大和十八届三中、四中全会精神，将大学自治和大学章程建设持续推进。

六　现代大学制度效率

制度效率是指在制度实践活动过程中，通过成本控制，提高投入与产出比。是指通过变革手段和方式来缩短实践活动产生效果过程，以此来增加单位时间内获得的活动效果。

"效率"一词最初出现是在哲学领域，通常指有效的因素。19世纪末，"效率"的特定含义延伸到了机械工程领域，用以表示机械做功时有用功跟总功的比值。20世纪以来，"效率"开始应用于经济、商业以及行政管理等领域，延伸到人们的一切社会生活之中。此时，"效率"已经成为人们耳熟能详的一个词语，是指单位时间里实际完成的工作量。所谓效率高，就是在单位时间里实际完成的工作量多，对个人而言，意味着节约了时间。福利经济学家认为，效率是指"资源配置效率"，是指一个社会的资源配置达到帕累托最优状态。简言之，效率即指资源的利用不存在任何浪费。①
而供应学派则认为，效率就是积极性、创新精神和生产率。显然，
"效率"是一个较为中性的概念，指工作中所消耗的劳动量与所获
得的劳动成果之间的比率。《辞海》中把"效率"定义为："消耗
的劳动量与所获得的劳动效果的比率。"② 说明效率是劳动量的消耗
与所获得劳动成果的比较，也就是指投入与产出的对比关系。效率
是指对于有限资源（如原材料、人力、现金等）的最佳分配方法。
当某些特定的标准被达到的时候，就说达到了效率。迄今为止，人
们仍未对效率的含义形成一致的看法。目前学术界对于效率"主要
有三种不同的理解：投入产出效率，指资源投入生产产出之间的比
率；帕累托效率，即资源配置效率，指社会资源的配置以达到这样
一种境界，任何一种资源的配置都不可能使一个人福利增加而不使
另一个人的福利减少；社会整体效率，指社会生产对提高社会全体
成员生活质量，促进社会发展的能力"。③ 当前，一般认为"效率"
就是第一种含义；第二种效率是一种理想状态的社会公平分配的效
率追求；第三种定义着重考察社会生产对于改善人民生活，提高生
活质量，促进社会整体与每个人全面发展和进步的能力，体现了哲
学的评价意蕴。

当今大学，既处于高等教育大市场的洪流中，也处于各种利益
相关者的关切中，现代大学制度为平衡大学利益相关者的利益起到
了重要作用。那么，现代大学制度在促进大学的公正性、平等性的
同时，多大程度上、如何去发挥应有的作用？大学的活动效率一定
是与现代大学制度效率紧密联系在一起的，这就是现代大学制度的
制度效率。现代大学制度也有着对效率与公平的追求，可以用效率
作为指标加以衡量，即如何公平有效地使高等教育资源得到最优化
的配置和最高效的产出，体现在大学管理过程中制度安排即是否最

---

① 方福前：《福利经济学》，人民出版社 1994 年版，第 156 页。
② 夏征农：《辞海》，上海辞书出版社 1994（1989 年版缩印本）年版，第 1656 页。
③ 万光侠：《效率与公平》，人民出版社 2000 年版，第 97 页。

大限度地利用了各种资源,最大限度地减少了浪费。它要求以一定的高等教育资源投入培养和提供更多的合格人才和高水平研究成果,或者说培养和提供一定数量的合格人才和研究,投入的高等教育资源要求最少,从而表现出高等教育管理的活力。大学制度的效率应与大学的组织目标相一致、与大学的价值标准相统一,是大学各类关系和活动效果的综合体现。

"效率"概念根植于经济和经济学的各个领域和方面,并逐渐被其他社会领域所接受。效率用来评价投入与产出的关系,即最小的资源投入是否达到了既定的目标,或给定的资源投入是否获得了最大的效益。《辞海》解释为:"效率指消耗的劳动量与所获得的劳动效果的比率。"马克思认为:"劳动生产率是以最低的劳动取得最高限量的产品。"① 马克思关于劳动生产率的论述实质上就是关于物质生产领域中效率问题的论述。这只是一种较高的生产率,即高效率,但给我们一个启示,即效率是与产品和劳动消耗相联系的。这里的劳动消耗既包括活劳动消耗,也包括物化劳动消耗。产品当然既包括数量更包括质量。物质生产的某些规律同样适用于精神生产。大学所进行的是培养社会所需要的专门人才的活动,这一活动表面看是一种消费活动,实质是具有生产性的,是一种劳动力再生产的活动。这一活动过程既有投入,也有产出,投入的是教育资源,产出的则是劳动者的劳动能力。培养人才要计算成本。不计成本只要产出,是原始的、野蛮的生产方式。现代化生产要求高质高效,要求以尽量少的投入获得最大的产出。大学在办学过程中也要讲究办学效率,合理地利用有限的教育资源,培养出适合社会需要的建设人才,为经济建设和社会发展服务。

效率是评定组织绩效与运行状态的工具性指标。一般的经济实体中的效率都是一种标准的刚性指标,结果直观清楚,易于测评。大学组织与一般组织有本质上的差异,即具有"学术性",因而效率指标在界定与评价上更具有模糊性。大学不能脱离社会环境而存

---

① 《马克思恩格斯选集》(第二卷),人民出版社 1995 年版,第 118—119 页。

在。我国大学的发展受到政治、经济环境等多方面的影响和约束，面临巨大的考验和挑战，大学内部出现了诸多方面的问题，如高等教育资源的稀缺与配置的不合理、科研水平低下、教学投入不足、学术腐败严重等。那么，是什么在影响着大学的组织效率？有学者提出测量教育管理有下列基本内容：①用人效益。指成员潜能的发挥程度，具体考察现有人力、在用人力、实际有效使用人力，计算有效人数与实际人数的比率。②经济效益。指投资的实际经济价值，投入与产出、有用耗费与无用耗费、有用效果与无用效果。③时间效益。指时间运筹的有效利用率：法定工作时间与实际有效利用的工作时间的比率。④办事效率。管理机构处理公务的实际成效：已办的与应办的；正确处理的与处理不当的；未办公务中由客观因素导致的件数与由主观因素导致的件数的比率。⑤整体综合效益。指教育管理的社会效果，社会承认、满足的程度等。还有的学者是从管理学与管理心理学两个角度探讨影响管理效能的因素，认为在一定程度上可以把这些因素的实现程度视为教育管理效能高低的尺度：①从管理学角度看：学校领导集体的组织结构、分工办学和权力划分是否合理；全校指挥系统是否健全、精干、灵活，决策是否正确；全体教职工的业务素质及工作是否理想；学校各部门和学校外部的各种人际关系是否协调；学校领导者的管理方法和调控手段是否科学。②从管理心理学的角度来看：学校的每个成员对集体工作目标的意义的认识程度如何；学校内部各部门及成员之间的彼此信任和相互支持程度如何；学校全体成员的才能运用和发挥情况如何；学校个别成员彼此之间思想的沟通与矛盾的处理方法怎样；学校各位领导者的心理品质和管理机制怎样。

大学的办学效率由大学的定义延伸出来常常被划分为两个层次：大学办学的内部效率和外部效率。大学办学的内部效率通常指大学教育系统内部或学校方面投入与直接产出之比，一般包括学校的成本效率、学校的直接产出效率和学生的学习效率。成本效率是指达到既定目标的资源投入是否达到了最小。直接产出效率是指给定的资源投入是否达到了最大的直接产出（教学和科研成果等）。学习效率是指以最短的时间和最少的资源投入,学生是否掌握了既定的知识和技能,或给定的时间和资源条件下学生是否获得了最多的知识和技能。大学的外部效率是指大学教育的间接产出与教育投入的比较,衡量的是大学教育对劳动力市场的满足情况和对经济增长和社会发展的贡献。与之相对应的,学者郑勇对大学行政效率的测量标准、测量方法和提高途径进行了分析,他指出行政效率的标准可以从量化标准、质化标准和社会效益标准三个方面来考虑。以此,现代大学制度的效率也可以分为内部效率和外部效率。

第三章 我国现代大学制度的
制度伦理的历史
演变及思想渊源

> "历史"并不是把人当做达到自己目的的工具来利用的某种特殊人格。历史不过是追求着自己目的的人的活动而已。①
>
> ——马克思

要探寻现代大学制度的制度伦理的当代形态，必须对历史上的现代大学制度伦理样态进行梳理，以便提供借鉴的历史依据。"无古不成今"，从历史的角度审视现代大学制度伦理很有必要，因为现代大学制度伦理发展，并不是一段无根无由的"新历史"，正如费孝通所说："任何变迁过程必定是一种综合体，那就是：他过去的经验、他对目前形式的了解以及他对未来结果的期望。"② 从历史的变迁中是最能发现事物的本质及规律的。著名历史学家汤因比也说过："人类的生活是生活在时间的深度上的，现在的行动的发生不仅在预示将来，而且也根据了过去。如果你随意忽视过去，不去思考甚或反思过去，那么你就妨碍自己在现在去采取有理智的行动。"③ 杜威在《民主主义与教育》中同样有这样一段意味深长的话："过去的事情让他过去，不再是我们的事情了。如果过去的事

---

① 《马克思恩格斯选集》（第二卷），人民出版社1995年版，第118页。
② 费孝通：《江村经济—中国农民的生活》，商务印书馆2004年版，第21页。
③ ［英］汤因比：《历史研究》（上），曹未风译，上海人民出版社1960年版，第275页。

情全都过去，一切完了，那么对待过去只有一个合理的态度。让死亡埋葬它们的死者吧。但是，关于过去的知识是了解现在的钥匙。历史叙述过去，但是这个过去乃是现在的历史。"① 费孝通、汤因比和杜威的这些话，深刻地揭示了认识、研究历史的意义与价值。在当前我国现代大学制度建设的背景下，实事求是地研究、评析我国现代大学制度伦理的历史发展脉络，探索现代大学制度伦理发展的历史经验及其背后的深层原因，不仅仅是认识历史的需要，更对当今我国现代大学制度的建设具有重要的借鉴与启发意义。我国现代大学制度伦理发展是伴随我国现代大学的诞生而建立起来的，是贯穿着中国大学发展的文化历时性的过程，基于强国梦的理想，本着人才培养效率，以学术自由、国家利益、大学法治等基本伦理思想为指导而逐步建立起来的。

第一节　我国现代大学制度的制度伦理的发展历程

　　我国的现代大学制度是随着现代大学的诞生而建立起来的，现代大学制度的演进伴随着多元价值的产生、发展，在大学内外部多种利益相关者的博弈中前行的。我国现代大学肇始于清末，即 1898 年诞生的京师大学堂。现代大学产生以后就按照大学的精神理念，结合我国的特殊国情，建立健全我国的现代大学制度。现代大学制度在我国的发生、发展融合了西方的制度文化，同时又贯穿着中国特殊的国情。借鉴郑登云的《中国近现代高等教育史》和刘海峰的《高等教育史》等书对我国高等教育发展历史的划分，本书将我国现代大学制度伦理的历史演变划分为清末大学制度伦理的萌芽与产生、民国时期大学制度伦理的发展与进步、新中国初创的大学制度

---

① ［美］杜威：《民主主义与教育》，王承绪译，人民教育出版社 1990 年版，第 227 页。

伦理积极摸索和改造，以及改革开放以来现代大学制度伦理的深入探索和繁荣等阶段。

一　清末新式高等学堂的制度伦理：现代大学制度效率凸显

我国现代意义上的大学制度萌芽于清朝洋务运动和维新运动时期。大学发展是以被动方式进行的，即举办大学是在抵御外侮的"强国梦想"的制度理念下产生的。举办高等教育的目的是培养国家急需的各种人才。清末新政的教育改革主张以日本明治维新为模板，改革中国旧的教育制度，提倡废科举，设立新式学校。于是，由此设立了中国近代第一批新式学堂，对我国现代大学的发展起到了十分重要的作用。1862 年，清政府成立了京师同文馆，这是我国首次借鉴西方模式设立的学校。1866 年，奕䜣提出在京师同文馆里增设天文算学馆。1869 年，美国传教士丁韪良担任京师同文馆总教习。京师同文馆开始了各方面的改革，引进西方的教育体系：在教学内容引进方面，西方的自然科学、社会科学等取代了我国以往的儒家经典，在教学形式和课堂组织方面，采用了班级授课制取代了我国以往的私塾式教学，并革新了人才培养模式和培养目标，从这些意义上来说，它标志着中国近代高等教育的出现。[1] 在京师同文馆创立的影响之下，30 多所洋务学堂在全国各地相继出现，洋务学堂采用西方新式教育，依靠洋人办学，借用洋法，学习西艺[2]，与传统教育有很大的差异。1895 年，北洋西学学堂在天津创立，1896 年，南洋公学在上海创立。1898 年 6 月 11 日，光绪皇帝发布《明定国是诏书》，宣布维新变法开始。在维新变法的过程中，也曾颁布一系列有关教育改革的法令，并设立"京师大学堂"。同时，清朝军机大臣与总理衙门请梁启超代拟《京师大学堂章程》，这是首次以制度化和法律化的形式，对我国大学的性质、宗旨、任务、管理体制、业务关系等进行明确规定，它不仅是京师大学堂的办学章程，也是清政府关于整个大学制度的政策性文件，是此后"学制的

---

[1] 霍益萍：《近代中国高等教育》，华东师范大学出版社 1999 年版，第 19—22 页。

[2] 杨东平：《艰难的日出：中国现代教育的 20 世纪》，文汇出版社 2003 年版。

雏形"。① 新式学堂的相继成立和《京师大学堂章程》的颁布直接促成了清末的学制诞生。1900 年发生了"庚子之乱",八国联军侵占北京,京师大学堂被迫停办。1901 年,清政府和各入侵国签订了丧权辱国的《辛丑条约》。为挽救清王朝垂死的命运,清政府又依次恢复维新运动时的"新政"。年底,光绪皇帝下谕:"兴学育才,实为当今急务……前所建大学堂,应即切实举办,著派张百熙为管学大臣,将学堂一切事宜,责成经理。"② 张百熙任管学大臣后,于1902 年恢复开办京师大学堂,并颁布了由他拟奏的《钦定学堂章程》。《钦定学堂章程》是中国近代第一个学校系统文件,于 1902年 8 月 15 日正式公布,因此又称"壬寅学制",该学制并未在现实中实施,但推动了后来新学制的建立。

1904 年 1 月,清政府颁布《奏定学堂章程》,即"癸卯学制"。该章程包括《高等学堂章程》、《大学学堂章程》(附《通儒院章程》)、《学务纲要》、《各学堂考试章程》、《各学堂管理通则》,以及所有中小学章程等。"癸卯学制"的颁布标志着我国系统化大学制度的初步形成,这些制度基本内容主要包括国家统辖高等教育、政府分级举办高等教育、高等学校"学"与"术"分离、大学兼有研究职能等。"癸卯学制"在全国范围内得以普遍实施,结束了几千年来我国学校无体系、教育无章程的状态。它基本上确立了以后我国大学制度的框架,而且直接影响了以后我国的大学制度。

我国清末的大学制度源于近代中国社会政治经济教育近代化的过程中,国家对人才的渴求,对培养人才的机构——师范学校等高等学校有着强烈的需求条件下应运而生的,是中国传统教育向近代教育转型中形成的,高等教育的迅速发展对近代科技发展与社会近代化的人才培养起到了巨大的推动作用。而现代大学制度设计对高等教育的发展做出了重大贡献。因此,这个阶段现代大学制度是以

---

① 霍益萍:《近代中国高等教育》,华东师范大学出版社 1999 年版,第 55 页。
② 张百熙:《奏办京师大学堂情形疏》,载璩鑫圭、童富勇《中国近代教育史资料汇编·教育思想》,上海教育出版社 1997 年版,第 414 页。

培养急需的大量人才为目的，效率是制度设计的首要价值。

二 民国时期大学制度伦理：学术自由与制度民主凸显

清政府制定的"癸卯学制"，还未来得及推行和完善，辛亥革命爆发，推翻了清王朝的统治，中国进入民国时期。在此期间，随着新制度的实施和人们对高等学校认识的深化，一系列新制度先后颁布，"癸卯学制"所形成的新型大学制度得到进一步完善，并最终确立。

1. 多种学制的探索：现代大学制度的制度民主发展

1911 年 10 月 10 日，辛亥革命取得伟大胜利，标志着中国两千多年的封建统治结束，社会发展的新历程开始了。中国的教育发展揭开了新的历史篇章。南京临时政府成立以后，教育界根据新的社会需求，对清末"新政"中所建立的教育的各个方面进行了改革，1912 年，南京临时政府教育部先后颁布了《大学令》、《专门学校令》、《大学规程》、《专门学校规程》等学校制度，使清朝的教育制度宣告终结，在中国的大学制度发展史上翻开了崭新的一页。按照以上法规，大学可以分为高等师范学校、高等体操学校，以及相当于晚清时期高等实业学堂的专门学校，包含工业、商业、政法、外语、音乐、美术、农业、药学、医学、航海等类型，中等学校毕业生或同等学力者是学生的主要来源。晚清时期的通儒院被称为大学院。1917 年，北洋政府教育部颁布《国立大学条例》、《修正大学令》，指出"设二科以上者得称大学，其他设一科者称为某科大学"[①]，该制度一直实行到 1922 年政府颁布"壬戌学制"。1922 年，对大学制度进行了改革。大学合并了高等师范学校；预科在大学中被废止，改为从普通中学的毕业生中直接招生。1924 年又颁布了《国立大学条例》。这些制度与条例从不同方面对"癸卯学制"的内容进行了深化，主要表现为四方面内容：以"学"、"术"分离为理念的高等学校体系进一步规范化；多元性高等学校举办体系的进一

---

① 李新、李宇一：《中华民国史》（第二编"北洋政府统治时期"），中华书局 1987年版。

步完善；学位制度与教师资格制度的完善；高等学校内部组织结构及管理体制的进一步完善。纵观近代中国文化的发展历程，西学的传播深刻地影响了"壬戌学制"的酝酿与实施，在五四时期文化反思的时代，二者紧密相连。"壬戌学制"并不是盲从地照搬他国成果，而是以美国的教育制度为基础，借鉴了其他国家的先进做法，并且与当时的中国实际情况相结合。原先的学制只是一味模仿西方国家的学制，而"壬戌学制"在相关制度建设的实践中还吸收了西方大学的精神，如注重平民教育理念、追求自由与个性等。由此可见，我国近代大学制度的建设顺应了西学东渐的社会趋势，促进了我国传统文化的发展。

2. 现代大学理念的形成：现代大学制度的学术自由和大学自治确立

近代教育迈入新纪元的两个标志是：1922 年新学制的颁布、北京大学在五四运动时期形成了学术自由、兼容并包的大学制度与大学精神。

确立现代大学理念以及构建现代大学制度，需要重新定义大学的性质、功能、使命、制度组织等，恰当定位大学和政府、学术和政治之间的关系；全面统一协调国家的发展目标与人的发展目标；在大学的价值理性与工具理性之间找到平衡点。在此方面，蔡元培功不可没。

1917 年蔡元培任北京大学校长，在他的改造下，大学成为研究高深学问的场所。思想自由、兼容并包、教授治校成为北大的基本办学理念，实行了教授治校、民主管理、学术权力和行政权力相分离、学校具有较强的宏观管理权力的大学制度改造，使北京大学的面貌焕然一新。北京大学的制度改造不仅丰富了我国的大学制度，更重要的是为我国新型大学制度提供了一个具体的样板。除了北京大学，清华大学也在大学制度上进行了完善与确立，1911 年，清华学堂正式建立，20 年代末开始准备升为大学，1928 年清华学校更名为国立清华大学，由教育部直接管辖。1931 年梅贻琦任清华大学校长，将学术自由、通才教育、教授治校作为大学的核心理念，在这个理念指导下，清华大学在十年时间内迅速发展成一流大学。梅贻琦指出，大学教育"重心所寄，应在通而不在专"，通识为本，而专识为末，社会所需要者。通才为大，而专家次之，以无通才为基础之专家临民，其结果不为新民，而为扰民。① 他非常重视教授的作用，大量聘请国内外知名学者"参照孟子所言，所谓故国者，非谓有乔木之谓也，有重臣之谓也"。② 梅贻琦提出："所谓大学者，非谓有大楼之谓也，有大师之谓也。"③

除了北京大学、清华大学确立现代制度外，郭秉文对我国现代大学制度的确立做出贡献。他在执掌东南大学期间，对大学的治理进行了改革，引入了董事会为该校最高领导机构，负责决定学校的重大事务，审核学校的预决算，议决学校各系科的废举，向教育部推荐校长人选等；董事会人员由政府官员、工商业人士、学校教授以及社会其他方面的教育专家组成。"东南大学的董事会体制为中国大学创立了另一种管理模式"。

在新文化运动自由主义思想的影响下，我国许多大学学习与借鉴欧美大学，形成了学术自由、教授治校、学生自治、通才教育的理念与制度。在建设大学制度的过程中，进行学分制、选课制的实践。中国的传统大学在20世纪二三十年代逐渐实现了这种转换，同许多其他的新建大学一并走进现代之林。出身于传统或留学生等各种文化背景的大学校长的理想与实践，国立大学、教会大学、私立大学等不同种类学校的共存与发展，为中国现代大学的制度建设奠定了坚实的基础。

1929年国民政府颁布了《大学组织法》、《大学规程》和《专门学校组织法》、《专门学校规程》，这一制度体系既是对原有制度主体内容的进一步巩固，也是在经历了移植不同大学制度的基础上，对原有制度的进一步完善，标志着我国大学制度的完全确立。④

① 杨东平：《浅议中国近现代大学的教育目标》，《高等教育研究》2000年第6期。
② 陆挺、徐宏：《人文通识讲演录》，文化艺术出版社2010年版。
③ 余翔林：《大学——有大师之谓也》，《光明日报》2002年11月28日。
④ 张俊宗：《现代大学制度》，中国社会科学出版社2004年版，第232页。

此后国民政府颁布的一些关于大学的制度，都只是对 1929 年制度体系的补充，本身并无多大的内容。这一制度一直延续到新中国成立前，并直接影响了新中国成立后大学制度的进一步发展。

三　新中国成立初期的大学制度伦理：效率与理性凸显

新中国成立后，废除了国民党时期的宪法和各种法律法规，包括大学制度在内。但废除不意味着割断，新中国对这一制度的废除，在很大意义上只是对其阶级性也就是意识形态领域内容的废除，而不是全部。新中国政府采取批判继承的态度，对新中国成立前的大学制度进行改造和发展，"以老解放区新教育经验为基础，吸收旧教育有用经验，借助苏联经验，建设新民主主义教育"[①]，可以说，新中国大学制度是在继承原有大学制度的同时，以解放区高等学校管理制度为基础，并借鉴社会主义国家苏联经验而建立的，这一制度是国民党时期的大学制度、解放区高等学校管理制度和苏联大学制度三种模式的结合物。

1950 年到 1958 年，这个阶段主要是对旧中国大学制度进行宏观改造。继承和确定新中国大学制度框架的时期。在这个阶段里，高等学校的领导制度、运行机制以及高等学校结构体系等宏观制度基本建立，其基本内容体现在 1950 年全国高等教育会议通过的《高等学校暂行规程》和 1951 年中央政府正式发布的《关于改革学制的决定》两个文件中，主要包括：中央政府统一领导与教育行政部门同相关业务部门分工负责的管理体制；建立以"专才"教育为理念的高等学校体系；计划性运行机制；取消私立高校。同时，这一阶段在高等学校内部管理制度上基本维持了原有的内容：高校实行校长负责制；学校党组织仅起政治作用，与校行政之间无领导或指导关系；校长由中央政府任命；学校设校务委员会，负责重大事务的决定；各学系或学院设系委员会。有所区别的是，这一时期的制度明确提出各委员会中都要吸收工会负责同志参加的要求，以体现新民主主义的社会性质。

---

① 教育部办公厅：《教育文献法令汇编》。

1958 年到 1963 年，主要是调整中央政府和地方政府在管理高校的权限和改造高等学校内部管理制度。我国开始扩大地方对高等教育的管理权，实行多极办学、多极管理。根据这一思路，1958 年中共中央发出《关于高等学校和中等学校下放问题的意见》，要求除少数综合大学和某些中等技术学校仍由教育部或者中央有关部门直接领导外，其他学校下放到各省、市、自治区领导。同年 8 月，中共中央又下发了《关于教育事业管理权力问题的规定》，提出要加强地方对高等教育的领导和管理。应当说，这一规定在中国大学制度史上是具有重大意义的，它是对我国近代大学制度建立以来就形成的高度中央集权管理体制的一次重大改革和探索，赋予了地方直接的立法权、领导权和管理权，是一种真正意义上的多极办学制度。在高校内部管理制度方面，最显著的变化就是加强了党对高等学校的直接领导，1958 年，中共中央、国务院发出的《关于教育工作的指示》指出："在一切高等学校中，应当实行党委领导下的校务委员会负责制。"自此高校管理制度发生了重大的变化，党委开始成为学校的最高领导、管理和决策机构。党委领导下的校务委员会负责制是我国自新型大学制度形成以来，在高等学校管理制度中最重大的改革，也是最具有中国特色的一项大学制度，这一制度为高等学校管理的行政化奠定了组织基础，高等学校实际单纯地成为执行中央决定的机构，一种非独立组织的附属机构。

就组织制度而言，这一阶段大学制度的改革具有很强的探索性，也最富有新意，由此形成的大学制度与以往制度有着重大差别，它为此后我国新的大学制度奠定了基础，确立了雏形。

中央于 1960 年批准了《教育部关于全国重点高等学校暂行管理规定》，并在 1963 年下发了《关于加强高等学校统一领导、分级管理的决定》。这两个文件在总结新中国成立十多年来正反两方面经验的基础上，对两个阶段的改革内容予以了充分的肯定，对一系列具体问题进行了规范和明确。其最大特点是对以往制度中许多两极对立问题的平衡和中和：一方面是对 20 世纪 50 年代中期中央与地方分权制度的调整。20 世纪 50 年代中期推行的分级领导、扩大地方权力的制度，经过一段时期的实践后，出现了不少问题，特别是在大跃进思想的直接影响下，大量的冒进行为造成了高等学校管理的混乱局面。新的文件按照毛泽东提出的"大权独揽、小权分散"的原则，对此进行了调整，原来下放地方的高等学校设立审批权等许多权力重新收回中央，在此基础上，确定了由中央教育部、中央各主管部门与地方分工负责、实行双重领导或三重领导、上下结合、各负专责的制度。地方原有的决策权、决定权基本被收回，在很大意义上只具有执行权，政府领导体制基本回到了原来的中央集权模式上。另一方面是对党委领导下校务委员会制度的调整。20世纪50年代中期推行的党委领导下的校务委员会负责制主要是针对过去校长独揽权力的调整，但是这一制度忽视了校长作为高校法人代表应具有的责任和权力，造成了实际工作中的许多不利。为此，在《教育部直属高等学校暂行工作条例》中，提出了高等学校实行党委领导下以校长为首的校务委员会负责制。

上述两个文件的主要精神，在一定程度上纠正了前两个阶段存在的问题，在平衡原则下，使得许多问题进一步符合实际，这一制度虽经"文化大革命"的破坏，但在20世纪70年代末期"文化大革命"结束后又得以恢复和推行。改革开放后，我国大学制度的改革实际上是以这一制度为起点的。

四　改革开放以来我国现代大学制度伦理：民主管理与大学法治凸显

改革开放以来，随着我国经济体制改革以及改革在社会各方面的深入，高等教育改革被提上议事日程，现代大学制度建设面临新的进展。

1. 现代大学制度建设的新进展

改革开放以后，我国高等教育改革主要在两个方面展开：第一，从政府与高校的关系上，逐步确认高校自主办学的主体性，推进高等教育的宏观管理体制改革。1985年，中共中央在《关于教育改革体制的决定》中提出："要改变政府对高等学校统的过多的管理体制，在国家统一的教育方针和计划指导下，扩大高等学校的办学自主权",首次肯定了高校办学自主权问题。此后,国家先后出台了《高等教育管理职责暂行规定》、《普通高等学校设置暂行条例》等一系列行政法规,进一步界定了政府与高校的职责。1992 年,党的十四大提出建立社会主义市场经济体制后,国家又颁布了《中国教育改革与发展纲要》,指出:"要逐步建立政府宏观管理,学校面向社会自主办学的体制。"这一指导思想进一步明确了政府与高等学校的关系、高校的性质以及活动运行方式等问题。20 世纪 90 年代中期以后,国家通过对高等学校进行"联合、共建、调整、合并"等形式,改进了以往单一的隶属关系,并先后出台了《教育法》和《高等教育法》等法规,对我国高等教育管理体制以及高等学校的自主办学问题从法律上进行了明确界定,使推进高校自主办学的思想意志转变为法律意志。

第二,随着高校内部特征和办学规律认识的不断深入,从 20 世纪 80 年代以来,大学开展了内部管理体制改革。20 世纪 90 年代以后,围绕提高高等学校的办学水平这一中心问题,在国家的直接领导下,先后实施了"211 工程"建设一流大学工程。高校合并与共建改革、高校人事管理制度改革、高校组织结构调整、高校后勤社会化改革等一系列改革。人们更充分认识到了高等学校享有办学自主权的意义,并且由此建立了正确处理学术权力、行政权力观念,使其逐步成为高校管理中的重要原则。从高等教育需求的多样化与高等学校的系统观出发,提出了特色发展战略、整体发展战略等思想,这些认识逐步成为高校自主发展的指导思想。从高等学校社会功能定位出发,人们对高等学校在社会发展中的多重作用有了新的、更加全面的认识,高校的发展视野得到了拓展。从重视市场机制与高校平等竞争的认识出发,质量与效益问题普遍受到重视,并由此推进了各高校的管理改革。从高校的学术特征以及学术与高水平人才的关系等认识出发,以人为本、注重培养人才成为各高校普遍关注的问题。

2. 我国现代大学制度的新发展

随着改革开放的深入和市场经济体制的逐步完善,我国现代大

学制度发展呈现出新的发展方向：①

第一，改变中央集权式管理体制，增强地方政府的统筹管理权力，中央政府更注重宏观管理。经过 20 世纪 90 年代的改革，中央政府对高等教育的管理权不断下放地方，地方在高等教育的管理权限不断扩大。如将高等学校的大部分专业设置权和部分研究生学位授权单位审批权逐步下放省级政府；在高等学校设置上更加注重听取地方政府的意见；中央政府直接管理的大学大量减少，大部分划归地方管理；地方高校除原有的省立学校外，市级政府也具有了高等学校的举办权。

第二，淡化单一隶属观念，改变条块式管理体制。20 世纪 90 年代后期以来，由中央各行业主管部门管理的高等学校，或划归教育部，或划归省级政府，并且这些部门原则上不再管理和举办大学，而统一由教育行政部门管理。与此同时，通过合作、共建等方式，原有单一隶属观念和模式正在得到改变，逐步向多渠道投资、全方位发挥作用的条块结合模式转变。

第三，高等学校的办学自主权逐步扩大。伴随政府管理体制的改革，高等学校的办学自主权也有所扩大，高等学校在专业方向调整、内部机构设置、内部人事管理、科学研究和产业开发、毕业生就业、基本建设以及后勤管理等方面的自主权都较过去有较大提高。

第四，逐步建立起以政府办学为主，社会各界广泛参与办学的新体制。《高等教育法》规定："国家鼓励企业事业组织、社会团体及其他社会组织和公民等社会力量依法举办高等学校参与和支持高等教育事业的改革与发展。"这一规定，一方面反映了新中国成立初期被废除了的私立高校再次得到承认；另一方面从鼓励参与的角度表明了高等学校向社会的开放。

第五，改变学科过分单一的学校组织方式，以增强高等学校的适应能力和办学水平。《高等教育法》规定："国家按照社会主义现

---

① 张俊宗：《现代大学制度》，中国社会科学出版社 2004 年版，第 245—247 页。

代化建设和发展社会主义市场经济的需要，根据不同类型、不同层次高等学校的实际，优化高等教育结构和资源配置，提高高等教育的质量和效益。"这一规定既反映了对以"专才"为理念设置高等学校思想的纠正，也反映了对高等学校规律的进一步认识。20世纪90年代后期以来，政府按照"联合、共建、合并、调整"等形式，对一批单科高校进行了合并，同时也合并组建了一批高水平大学。

第六，积极探索建立符合大学本质特征的高等学校内部管理制度。《高等教育法》虽然在高等学校内部管理制度方面没有提出更新的内容，但是通过扩大高校自主权、明确高等学校的办学实体地位等原则的确立，为这一方面的改革提供了很大空间。各高校在这一方面进行了一系列探索，诸如，如何平衡学术权力与行政权力，如何营造有利于优秀人才脱颖而出的氛围，如何发展自身特色，如何实现校内资源的优化，如何加强与社会间的密切联系和合作等，这些探索反映了新的大学内部管理制度的走向。

第七，社会中介力量的出现。随着高等教育向社会的开放，社会中介活动开始出现，最主要地表现在一些民间性质的组织开展的大学排名上。与此同时，政府在对高等学校评估等方面越来越重视非政府的力量，许多学术团体开始介入政府的高等学校决策活动之中。

正如前述，改革开放以来我国大学制度的建设开始真正触及现代大学制度的核心，随着这些制度的推行和实践，人们对现代大学制度问题有了更深刻的认识，为我国建立系统完善的现代大学制度提供了经验和探索。

第二节　我国现代大学制度的制度伦理历史发展的思想渊源

我国现代大学制度伦理发展的背后是什么制度伦理思想在指导？是怎样的制度伦理思想和方法作为支撑呢？现代大学制度伦理研究所直面的是现代大学制度建设中众多的道德冲突、伦理悖论，所寻求的是这些悖论与冲突的解答方案，加上各个不同时期不同政治、经济、文化环境的影响，这就决定了现代大学制度伦理的建设不可能仅仅依赖历史上曾经出现的某一种伦理学的价值诉求或论证方式，而是随着不同历史时期，不同政治、经济、文化环境的影响，不同的规范伦理类型为相应时期的现代大学制度提供了不同的价值诉求或论证方式。总体来看，主要有三种伦理思想方法，即自由论、功利论与利益论，支配着我国现代大学制度发展变化。

一　自由论的制度伦理思想方法溯源

大学的本质属性是其学术性，是统摄高等教育改革发展全局的根本，也是回归大学之道。大学的基业长青，与其学术的繁荣、发展密不可分。所以，发扬学术精神，维护学术自由，推进学术进步，成为大学发展的永恒主题，更成为影响大学兴衰成败之关键因素。

1. 自由与学术自由思想概述

自由是一个最古老、最有价值而又最富争议和纷繁复杂的概念。它使用广泛，有多样化内涵，这恰如阿克顿（Lord Acton）所言："人们给自由所下的定义多种多样——这表明：在对自由的认识上，无论是热爱自由的人们当中，还是厌恶自由的人们之中，持有相同理念的人微乎其微。"① 古今中外，众多的思想家从不同角度、不同逻辑层次上对自由这一概念进行了诠释。学术自由亦是如此，不同时期学术自由的名称没有改变，但是不同时期人们对学术自由的内涵与属性的理解各有不同。恩格斯曾经指出：每一时代的思维方式"都是一种历史的产物，在不同的时代具有不同的形式，并因而具有非常不同内容"。学术自由就是按照一定时代的政治、经济、科技、文化的要求，直接或间接形成的对学术自由的认识与理解。

"人是自由的"②，它最基本的标识是人的主体性特性。对必然性的认识、把握在很大程度上决定了人的主体性大小，因而从"自

① ［美］阿克顿：《自由与权利》，候健等译，商务印书馆2001年版，第307页。
② ［德］黑格尔：《法哲学原理》导读，商务印书馆2010年版，第40页。

由是对必然性认识"这个意义上看，自由显而易见是人类的目的善，是人类追寻的终极价值，是一种终极善。事实上，人类总是要超越种种偶然性、相对性的认识，通过自身的努力，实现必然性、普遍性的认识，不断提高人的主体性程度，争取更多的自由这一终极善。

自 19 世纪以来，人类获取必然性的认识很大程度上来自大学学术组织这一学术活动——对知识的探索、创造。在布鲁贝克看来，大学遵循不论是认识论的价值取向抑或是政治论的价值取向都是基于一个普遍性的终极价值存在、发展的——以追寻必然性（真理）的认识为首要职能。"研究高深学问是大学的首要使命，因为任何一个规模较大的社会不管处于何种意识形态，它都需要一个机构即大学来传递高深知识，研究高深知识。"①

事实上，大学学术活动是主体（大学学术人）对于客体的现象、本质和规律的观念的反映过程，实际上就是指主体（大学学术人）在知识实践活动中，对包括客体的必然性（自然界的必然性和社会历史的必然性）和人类自身的必然性（人作为主体其生理活动的必然性、意识活动的必然性等）在内的各种必然性的探索发现和创造。对这些必然性的发现和创造，以概念、判断、推理、假设、原理等思维形式和范畴体系表现出来，即经验知识和理论知识。②因而，从这个角度讲，大学学术活动指向于人对必然性的认识成果的获取即指向于人类的自由。

由此看来，大学学术活动从本质上讲，就是学者们在理性的指引下通过他们的意志活动获得关于自然、社会、人类自身的必然性认识，其最终目的是"通过知识的生产、创造和应用，来清除由认识的不自由状态——无知，带给人们的犹豫、偏见、恐惧与激情的

---

① ［美］布鲁贝克·D.：《高等教育哲学》，王承绪等译，浙江教育出版社 2002 年版，第 12 页。

② 王祚：《知识是打开自由之门的一把钥匙》，《前沿》2007 年第 7 期。

欲望，从而达到人的自由和解放"。① 在追寻必然性的认识——获取
人类自由的过程中，大学学者们所从事的学术活动不受任意的限
制、约束，他们基于自己的信仰、兴趣和喜好，遵循探究知识的内
在逻辑规律，研究高深知识，追寻真理，充分享受着学术自由的权
利。从这个意义上看，大学组织的学术实践活动指向于对必然性的
认识，即指向于实现人类自由这一终极善的价值意义本身就是一个
实践学术自由的过程。

　　大学的本质是学术性，这是大学区别于其他组织机构的合理性
和正当性的根据。大学的这种学术本质属性决定大学学者自由进行
学术研究的逻辑。"学术自由是一种工作的条件。大学学者之所以
享有学术乃是基于一种信念，即这种自由是学者从事传授与探索他
所见到的真理的工作所必需的，也因为学术自由的氛围是学术研究
最为有利的环境。"② 布鲁贝克提道："为了保证知识的准确和正确，
学者的活动必须只服从真理的标准而不受任何外界的压力，如教
会、国家或经济利益的干扰。"③ 正是因为学术自由对于学者具有重
要的价值，争取、维护学术自由的斗争史自中世纪大学创立起一直
就从未停止过，也正是执着于学术自由的争取、维护，大学所担当
的研究高深知识，促进人类自由这一终极善才越发彰显出它的魅
力。所以，布鲁贝克怀着对高等教育发展前程的忧思，警告说：
"大概没有任何打击比压制学术自由更直接指向高等教育的要害了。
我们必须不惜一切代价防止这种威胁。学术自由是学术界的要塞，
永远不能放弃。"④

　　2. 现代大学制度之于学术自由的局限

　　因为学术自由在大学具有合理性，它是大学学者的责任，所以

---

① 茹宁：《人的自由与学术自由——关于学术自由的哲学解读》，《教育评论》2007
年第 1 期。
② ［英］阿什比·E.：《科技发达时代的高等教育》，滕大春等译，人民教育出版社
1983 年版，第 290 页。
③ ［美］布鲁贝克：《高等教育哲学》，王承绪等译，浙江教育出版社 2002 年版，
第 43 页。
④ 同上书，第 35 页。

大学必须通过制度设计来实现大学的学术自由，确保大学的学术性。大学发展的历史证实了大学自创立以来就以学术自由为魂，没有了学术自由的大学便不能称为大学。我国的现代大学的发展也经历了这个阶段和过程。民国时期以蔡元培为首的教育家在大学制度践行的过程中，将学术自由、兼容并包作为大学的核心理念来指导大学制度的发展，极大地促进了我国现代大学学术的发展，在大学里涌现了一大批世界知名的大师。改革开放以后，为了最大限度地消除"文化大革命"对大学教育和大学制度建设的消极影响，大学积极探索学术性为大学发展核心的学术自由理念，对我国现代大学制度建设起到了积极作用和贡献，我国高等教育取得了长足的发展。

但是，我们应该看到，在我国的现代大学制度的发展中，现代大学制度偏离了学术自由的轨道，导致了大学的学术自由受到限制。第一，主体性缺失。大学教育的主体是教师和学生，学术自由的主体是教师和学生，离开了教师和学生，学术自由也就不存在了。大学的职能是探索高深知识、进行学术探讨、培养人才和社会服务，大学的职能从本质上看都离不开人的活动，以人的自由发展为终极善。现代大学制度应该以人的主体性为起点，让大学人免于大学之外的非学术因素的干扰而自由从事学术活动。只有这样才能保证知识的创新具有能动性的、主体性的个体培养。自由是大学之基、大学之魂。没有教师、学生思想和个性自由的制度保障，大学不可能实现其职能。现在我们的大学教育是不见人的教育，缺乏人文精神的关注，用工具理性评价大学的发展，"精确性、清晰性、速度、持续性……严格的服从、统一性、减少摩擦、降低物力和人力的消耗等"。① 在人才培养和学术研究上注重效率，忽视对人的自由发展。第二，大学制度的行政化运作逻辑侵犯了学术自由。大学不仅要保障教授们最为基本的物质供给和人身自由，更重要的是要给予他们最大的学术思想自由，允许他们听从自己理性的召唤，按

---

① ［德］韦伯：《经济与社会》，商务印书馆1997年版。

照自己的意愿进行研究，破除学术权威对学术思想的禁锢。"学术自由实质上是思想自由"。① 目前我国大学制度是政府主导，行政化逻辑主导大学的学术，行政权力侵占学术权力，导致学者将更多的心思投入到钻研权术上。现代大学制度不是提供学术自由的制度环境，而是对学术自由的间接和无形的诱惑和干扰；不是对学术自由精神的发扬，而是对学术自由精神的压制与伤害。行政掌控大学各种学术资源的分配，导致学术人员不能安心于学术。有学者发出这样的担忧，"大学机构变得更加官僚，校长和名誉校长更像是企业的管理者，而不像学术带头人。在很大程度上，他们所抓的大学任务已经与就业市场和股票市场挂钩。学术体系的知识性任务现在作为装饰品存在，也就是说，作为一个合法机制，具有的知识平庸的功能"。②

二　功利论的制度伦理思想方法溯源

"功利主义"（Utilitarianism）亦称"功利论"、"功用主义"。通常指以实际功效或利益作为道德标准的伦理学说。③ 功利主义属于目的论范畴，目的论旨在探讨事物产生的目的、本源及其归宿。运用功利主义的思想方法来分析现代大学制度伦理问题，是意图通过剖析大学制度的正义性，现代大学制度价值取向是否以学术自由为核心，是否体现最大幸福原则三个制度伦理维度，来认知问题产生是源于制度"善"的缺陷。

（一）功利主义伦理思想概述

功利主义伦理思想最早萌芽于17世纪的培根与霍布斯伦理思想中，在18世纪的孟德威尔（B. Mandeville）、休谟、斯密那里得到了一定的发展，但是作为一个完整的理论体系，则是由边沁初创，

---

① 周光礼：《学术自由与社会干预——大学学术自由的制度分析》，华中科技大学出版社2003年版。

② 郑浩：《学术自由视域下现代大学制度的局限性及其超越研究》，硕士学位论文，河北科技大学，2013年。

③ 朱贻庭：《伦理学大辞典》，上海辞书出版社2002年版，第11页。

密尔为鼎盛，西季威克则完成了理论上的系统化。①

在现代社会的语境下，功利主义成了过度追求利益和结果最大化、最优化的代名词，这实为对功利主义的泛化。功利主义属目的论范畴，其所关注的是社会活动结果体现最大的幸福原则，是保障最大多数人的最大幸福。

1. 功利主义伦理思想方法的内涵

边沁所创立的功利主义伦理思想可用一句话来概括，这就是"最大多数人的最大幸福"。按照罗素的说法，边沁功利主义哲学思想以两个原理为基础：一是"最大幸福原理"，二是"联想原理"。② 如果我们将联想原理主要理解为是一种手段途径，那么，功利主义伦理思想在"最大多数人的最大幸福"之下的核心概念或原则就是下述两个：功利原则与最大幸福原则。

虽然功利主义伦理思想家各自的具体思想内容及其方法特征有所差异，但在一些最基本的思想理论及其方法上却是一致的。作为一个流派，功利主义伦理思想方法有着较为清晰的内在逻辑线索。通过对功利主义伦理思想方法内在逻辑线索的揭示，我们可以感受到其基本方法论特征及其力量。其一，人是追求快乐的，快乐是人存在的目的。人存在的目的性追求是幸福快乐，行为追求的对象应是能够产生快乐幸福的东西。其二，快乐是判断一切善恶的最终依据，是人们行为选择的最终标准。既然快乐是人的目的，那么，快乐就理所当然地应当成为善恶判断的最终依据、行为选择的最终标准。其三，快乐可以量化，并通过量化得到比较。由于快乐具有丰富的内容，因而，在不同快乐之间选择就有一个可比较问题。趋乐避苦功利原理的进一步现实化，就是现实生活中道德行为选择中的权衡。其四，寻求最大多数人的最大幸福。在众多可备选的道德行为中，应当选择的是那些能带来最大多数人的最大幸福的行为。即最大多数人的最大幸福，或功利的最大化，是道德行为选择或善恶

① 高兆明：《伦理学理论与方法》，人民出版社 2013 年版，第 296—303 页。
② ［英］罗素：《西方哲学史》，商务印书馆 1986 年版，第 327 页。

判断的基本原则。其五，为了实现最大多数人的最大幸福，应当遵守道德规范。从行为的功利性追求出发，古典功利主义伦理思想甚至还得出了应当遵守社会日常规范、追求社会公正的结论。这样，功利主义伦理思想本身就进一步分化为两种形式：行为功利主义与准则功利主义。①

2. 功利主义伦理思想方法的基本特点

其一，以趋乐避苦规定人性，并将趋乐避苦作为价值合理性根据。功利主义伦理思想通过这种人性设定直指社会利益结构、社会福利关系、社会制度，更多的是立足社会整体快乐。

其二，从感觉论的经验立场，以苦乐与功利概念为轴心，建立了一个比较完整的思想体系。值得特别一提的是，功利主义作为一种实践性极强的思想方法，在其形成后所能影响的范围逐渐由个体扩大到国家领域，并在几个世纪的历程中，逐渐在公共政策思维与决策方面居于强有力的支配地位。② 尤其是在面临公正政策决策中的价值冲突时，功利主义伦理思想方法主张选择那种能够给社会带来最大利益总量的这一实践取向，较之道义论方法更具有极强的实践指导性。

其三，试图在功利基础之上统一个体与社会、他人的关系。在这里，功利主义伦理思想方法就以自己的方式涉及了一个重要思想：道德关系就其根本而言并不是一种善良意志关系，而是一种利益关系，一种善的伦理秩序应当是各种利益关系的和谐协调。在社会公共行为选择以及在公共政策的制定与实施过程中，功利主义伦理思想方法有其一席之地，作用不可小视。③

总之，以幸福为价值规定根本性内容的直观上的合理性、简洁明了的解释力、实践的清晰可行性以及强调每个人的幸福同等重要的平等自由思想，等等，这些构成了功利主义伦理思想及其方法的

---

① 高兆明：《伦理学理论与方法》，人民出版社 2013 年版，第 296—303 页。

② 盛庆铖：《功利主义新论——统合效用主义理论及其在公平分配上的应用》，上海交通大学出版社 1996 年版，第 13 页。

③ 高兆明：《伦理学理论与方法》，人民出版社 2013 年版，第 303—304 页。

鲜明特色。

（二）制度"善"的意涵

判断制度的"善"与否有不同的理据立场。这些不同的理据立场大致可以分为两类：目的论的与权利论的。功利主义与自由主义契约论则分别是其典型代表。

一般地说，制度的"善"有两个基本方面：形式的"善"或技术的"善"，以及内容的"善"或实质的"善"。形式的"善"考量制度的技术方面，看其是否自治、严密、有效；内容的"善"考量制度的实质方面，考量制度所内在具有的社会成员相互间的权利—义务关系，看其是否有时代精神。

一个"善"的制度，是一个系统、完整、自治的制度体系。一个"善"的制度不仅是有"效力"的且是有"实效"的。一个制度具有合法性根据，并以合法明示的方式明确规定有约束力的行为规则要求，这是制度的效力。这个有效力的制度通过各种维护力量，能够有效地规范与调节社会日常生活，这是制度的实效。一个"善"的制度应当具有形式上的普遍性。同样，一个"善"的制度也应当是一个有效率的制度。这个效率主要不是指在这个制度中的政府活动的高效，而是指这个制度本身具有活力，生活在这个制度中的人们有积极性与创造性，进而能够创造出更多的社会财富。正是在这个意义上，一个不具有效率的制度不能称为"善"的制度。

（三）现代大学制度"善"的缺位

从制度伦理的视角来看，功利主义构成评价社会制度技术的标准，即制度的价值取向是否为大多数人的利益；制度不但具有"效力"还要对人的社会生活产生"实效"；制度本身不存在"潜规则"；制度应当是一个有效率的制度。当制度具备以上标准时为形式上的"善"。

1. 现代大学制度建设的"国家"功利主义取向

纵观我国大学制度的发展演变可以发现，我国的现代大学制度的价值取向是"国家"功利主义，高等教育国家化。价值取向指主体在价值选择和决策过程中的一定的倾向性，是人们在一定场合以一定方式采取一定行动的价值倾向。①

　　根据这一观点，我们可以发现我国大学制度设计的价值取向：现代大学制度的原初目的在于为国家的强盛培养人才；现代大学制度实践过程中的人才培养体系、招生考试、课程设置、专业设置都是国家认定和组织实施；大学的管、办、评也都由政府进行，政府在其中既是运动员又是裁判员等；大学制度价值主体均为"国家"，是国家为主体的对大学制度价值认定和选择，即制度的价值取向表征为大学作为价值客体，服务和满足于国家对高等教育的要求和规范。

　　高等教育的国家化本身决定了大学作为利益主体，其行为准则要依靠国家来实现组织的利益。这就要求大学组织的利益准则与国家一致。从而导致了现代大学制度的公正性危机。现代大学制度的"国家"功利主义取向，导致制度设计中形式"善"的欠缺。

　　2. 现代大学制度本身存在"正义"性的缺陷

　　"善"的制度是具有现实合理性根据的价值精神的制度。作为公平的正义的善的制度是公民基于基本自由平等的合作体系，② 这个善的制度以"公平的正义"为基本特质，每个公民具有平等的基本自由权利。平等的基本自由权利之"自由"精神，是"善"制度的根本价值规定。评价一个制度是否体现制度正义，是否达成制度内容的"善"，就要看这一制度是否保证了制度之中每一个成员平等的基本自由权利。并在"平等基本自由权利基础之上实现权利—义务统一，公平分配社会基本资源"。③

　　现代大学制度所表征出来的国家意志，体现为政府对大学的控制，大学的办学自主权不够，在制度形成之时并未基于学术自由的核心。作为大学，沦为政府的附庸，大学中的每一个学术自由等的基本自由权利被忽视，从而构成了现代大学制度"正义"性的缺

---

① 汝信：《社会科学新辞典》，重庆出版社1988年版，第401页。

② ［美］罗尔斯：《作为公平的正义》，姚大志译，上海三联书店2002年版，第66页。

③ 同上书，第67页。

陷。现代大学制度中学术人员"自由精神"的逐步丧失所表征的，学术人员追逐行政权力，主动放弃学术自由权利，就是制度正义性缺陷。

3. 以"功效性"思想实现对学术人员的评价

功利主义伦理思想方法所关注的焦点为结果，是结果的功效性。我国从 20 世纪 80 年代初至今，市场经济得以产生、确立到逐步成熟完善，市场经济的价值理念与运行模式不但主导着社会经济运行，同时也深刻地影响着社会运行方式，并渗透到各个领域的方方面面。市场经济的影响也渗透到了高等教育领域。在科学与研究中，现代社会的科研人员将"价值无涉"、"价值中立"视为圭臬，专注于技术层面的创新与提高，人们很少提及学术的精神自由与价值。和自然科学追求客观、精确一样，新的社会学科视域研究社会各个方面（社会的政治、文化和经济的维度）的抱负，以一种更加非个人的、有组织的方式，借助于新颖的定量方法，无论是对人类社会的经验式描述还是对其指导规律的分析，其研究的精确性和客观性都达到了前所未有的程度。[1] 越来越多的学术人员放弃"理念的守门人"的传统角色，开始成为"没有灵魂"的专家。[2] 在渐渐淡化理念与精神的大学里，在活动本质上不追求实用目标的学者[3]渐渐变少，精于技术的专家渐渐变多，学术自由的精神层面也因为其非物质性与非经济性而越来越不被专家提起，甚至连大学都在为了顺应理性化的时代潮流而忘记对学术自由精神与大学传统理念的守护。大学的物质倾向加剧了学术研究的非精神化，进一步强化了大学教授、研究人员对学术自由的精神层面的忽视与冷漠。

三 利益论的制度伦理思想方法溯源

自人类社会产生以来，利益就是存在于人类社会生活中的最为

---

① ［美］安东尼·克龙曼：《教育的终结》，诸惠芳译，北京大学出版社 2013 年版。

② 应星：《学术自由内外限度及其历史演变——从〈系科之争〉到〈韦伯论大学〉》，《北京大学教育评论》2009 年第 3 期。

③ 刘易斯·科塞：《理念人：一项社会学的考察》，中央编译出版社 2001 年版。

普遍、最为基础的一种社会现象，它无时无刻不在影响着个人乃至整个社会，成为整个人类社会的焦点问题。马克思指出："人们奋斗所争取的一切，都与他们的利益有关。"① 亚当·斯密认为，情感统治着道德领域，利益支配着经济领域，追求个人利益是人类经济行为的原动力，"看不见的手"引导个人利益向社会利益过渡。可见，利益问题是一个重大的历史现实问题，它既是一切经济活动的直接目的，也是一切社会活动的现实基础，更是一切社会历史变迁的根本动力。

正是由于接触了现实生活中的物质利益问题，才推动了马克思和恩格斯转向对现实经济关系的研究，创立了唯物史观。也正是从唯物史观出发，马克思和恩格斯正确地说明了利益的本质、特点及其历史作用，阐释了追求利益是人类一切社会活动的动因。②

《中国大百科全书》中关于利益的一种解释为："人们通过社会关系所表现出来的不同需要。"③ 马克思主义的观点是：利益是社会化的需要，利益"是人们通过一定的社会关系表现出来的需要。利益在本质上属于社会关系范畴。社会主体维持自身的生存和发展，只有通过对社会劳动产品的占有和享受才能实现，社会主体与社会劳动产品的这种对立统一关系就是利益"。④ 这是利益"社会关系"说的最基本观点。

"需要是利益的前提和基础，研究利益问题必须首先研究需要，认识利益的本质必须首先认识需要的本质，确立利益范畴必须先确立需要范畴。"⑤ "马克思主义的需要理论是马克思制定劳动力价值理论、剩余价值理论以及危机理论的重要基础理论。"⑥ "马克思主义需要理论有三个最重要的观点：人的需要是人的本质；人的需要

---

① 《马克思恩格斯全集》（第1卷），人民出版社1995年版，第82页。
② 王伟光：《利益论》，中国社会科学出版社2010年版，第41页。
③ 同上。
④ 同上。
⑤ 同上。
⑥ 同上。

是社会的需要，需要产生社会关系；生产决定需要，需要推动生产。"①

从利益论视角来说，我国现代大学制度伦理历史的发展是基于下面的目标。

第一，为了国家社会经济发展的需要。我国近代大学是"后发外生型"，这种大学现代化并不是由传统教育内部需求自然演变而来的，而是在外力的压迫下强行生成的。清末政府国力积弱，科技水平与社会生产力远远落后于西方发达国家，其中一个重要原因是人才匮乏，传统的科举选拔人才的方式和课程培养体系已经远远不能适应社会的需要，急需建立适应工业革命时代的培养人才的教育机构。有识之士认识到要改变现状，必须发展教育，尤其是高等教育，于是维新变法推行，在清末的教育新政中，现代大学发展得以保存，现代大学制度得以初步发展，大学按照现代大学制度的框架运行，为我国培养了一大批适应社会发展的专门高级人才。不论是在抗日战争时期的现代大学制度的建设，还是新中国成立以后，到改革开放以来，我国的大学取得了长足的发展，现代大学制度得到完善和创新，在借鉴近代大学制度的有机元素的基础上，融合中华民族文化因子，建立了中国特色的现代大学制度。因此，纵观我国现代大学制度的发展历程可以发现，我国的现代大学制度的建设目标是为了实现中国的强国梦，为了国家的强大，即国家利益。

第二，为了有效协调大学各个利益相关者的利益关系。大学是一个拥有众多利益相关者的组织。随着社会的发展，现代大学走出象牙塔，具有了人才培养、科学研究和社会服务等职能，与社会联系越来越紧密，拥有了众多利益相关者，因而被看作是一个典型的利益相关者组织。张维迎据此认为公立大学的利益相关者包括出资人、教师、校长、院长、学生、校友以及所有纳税人等。②

大学组织是一种包含学术权力和行政权力的复杂体系。围绕大

---

① 王伟光：《利益论》，中国社会科学出版社 2010 年版，第 42 页。
② 张维迎：《大学的逻辑》，北京大学出版社 2004 年版，第 4—5 页。

学的本质,让利益相关者分享大学的行政权力和学术权力,以此来形成管理者、办学者、评价者和学生等利益相关者对大学的监督控制的权力体系。从组织特性上来说,大学是知识组织,是学术共同体,是学者聚集的场所。在大学治理过程中,不仅应当关注不同大学机构之间权力分解、配置的结构性问题,还要重视各利益相关者的权利与义务、责任的落实。要协调不同的利益相关者的利益关系,需要建立现代大学制度,让大学组织得以健康运行。例如,在我国近代大学产生之际的清末,大学完全是政府的一个附属机构,行政力量控制大学的发展。在民国时期,教育家基于对大学制度的认识,坚持学术自由、大学自治和教授治校的理念,凸显大学的原初精神,大学制度能为大学的学术属性保驾护航。

第四章 现代大学制度的制度
伦理实证研究

一段时间以来，我深切感觉到知识分子的迷失，并为此烦恼不安，这种感觉似乎困扰着我们的文化机构、大学和专科学校中的许多人。公众有权利听到来自我们文化机构的高质量的学术讨论，而且作为有着无限潜力的听众，他们应该受到更大的尊重。①

——弗兰克·富里迪

我国现代大学自近代移植于西方，发展至今只有一百余年。新中国成立以后，大学的发展经历了曲折的进程，改革开放后的三十多年，高等教育取得了历史性的突破和重大成就，高等教育由精英教育向高等教育大众化转变，大学的民主化进程在大力推进，大学的法治进程也在加强，大学制度的伦理价值在日益显现。2015 年 8月，习近平主持召开中央全面深化改革领导小组第十五次会议，审议通过《统筹推进世界一流大学和一流学科建设总体方案》，国家提出了建立具有中国特色的现代大学制度、建设世界一流大学的发展战略。但是，我国现代大学制度的发生发展是西学东渐的结果之一，在融入中华文化的基础上，形成了具有中国特色的大学制度伦理，由于受市场经济趋利的影响，导致了我国大学的学术不端、大学制度理性失范、行政权力主导学术权力和教育产业化的功利性现

---

① ［美］弗兰克·富里迪：《知识分子都到哪里去了》，戴从容译，江苏人民出版社2005 年版，封底。

象。这些功利性、有悖于大学制度伦理的现象，导致了我国的现代大学制度伦理冲突和困境。

因为现代大学制度研究是当前研究的热点，相关研究取得了重要的进展。但是目前有关现代大学制度伦理价值冲突的研究存在一些不足。从研究的范式和取向来说，注重理论研究，轻视实践研究；论述性研究较多，案例辨析与实证性研究偏少；应然层面的研究多，实然层面的研究少。现代大学制度伦理的实证研究薄弱主要体现在两个方面：第一，已有研究中的实践问题或现实问题不多，大多数研究主要采用思辨的方法，多停留在伦理论证阶段，主要关注现代大学制度伦理的内在依据与学理基础、应具有的伦理标准等内容；第二，运用实证研究方法开展教育管理伦理的问题和冲突等的研究较少。整体而言，现代大学制度伦理冲突和困境的实证研究相对比较薄弱。因此，如何将理论建构与实践应用统一起来，避免理论空谈，运用实证研究方法直面现代大学制度伦理中的现实问题，是本书研究的重要内容。

第一节　研究对象与方法

选择什么样的方法是由研究问题的性质决定的。现代大学制度的伦理现实问题和困境研究是一项异常复杂的问题。因此，需要采用多种方法对这个问题进行分析探讨，考察和分析现代大学制度在现实运行和建设中的伦理冲突和影响因素。影响现代大学制度运行和建设的因素既有大学外部的影响因素，如国家政治经济变革和教育发展对其影响等外部因素；又有大学内部的因素，如大学本身的根本属性、大学治理等内部因素。同时，现代大学制度的建设必定经过大学内部与外界环境的反复交互作用，是大学各利益相关者互相运作协调的过程，因此，本书在分析现代大学制度的伦理困境时需要综合地考虑各种因素。鉴于此，本书在分析现代大学制度建设过程中面临的伦理冲突和存在问题的时候，综合采用研究方法，把量的研究方法与质的研究方法结合起来。这样，在研究中就把宏观与微观、外显与内隐等方面比较好地结合起来。

一　研究对象的选择

调查运用重点调查与普遍调查、问卷调查与深度访谈相结合的方式进行。本书以教育部直属的一所985工程高校、山东省、湖北省、广东省、四川省和贵州省等省市的高校的学生、教师和学校管理人员为研究对象。采用调查问卷为量的研究和访谈研究为质的研究方式进行。选择分析研究对象应采用不同的方式方法：量的研究应采用随机抽样的方式；质的研究应采用有目的地抽样的方式。进行问卷调查的对象是各高校的学生代表、部分老师、管理者；访谈的对象是高校学生、教师、管理者和个别的学校领导。

本次调查共发放学生问卷1000份，回收问卷891份，回收率为89.1%，其中有效问卷872份，有效率为97.87%。教师问卷100份，回收问卷92份，回收率为92%，其中有效问卷92份，有效率为100%。管理者问卷100份，回收率问卷91份，回收率为91%，其中有效问卷87份，有效率为95.6%。调查对象的基本情况见表4-1。

表4-1　　　　　　　　问卷发放情况统计

对象	发放问卷	回收问卷	有效问卷	回收率（%）	有效率（%）
学生	1000	891	872	89.1	97.87
教师	100	92	92	92	100
管理者	100	91	87	91	95.6

表4-2　　　　　　　调查对象（学生）的基本情况统计

项目	类别	人数（人）	占比（%）
性别	男	463	53.0
	女	409	47.0
学校属性	985工程高校	49	5.6
	211工程高校	128	14.7
	一般本科院校	695	79.7
专业	文科	470	53.9
	理工科	402	46.1

表 4 - 3　　　　　　调查对象（教师）的基本情况统计

项目	类别	人数（人）	占比（%）
性别	男	47	51.1
	女	45	48.9
学校属性	985 工程高校	6	6.5
	211 工程高校	9	9.8
	一般本科院校	77	83.7
职称	教授	28	30.4
	副教授	47	51.1
	讲师及以下	17	18.5
年龄	35 岁及以下	22	23.9
	36—45 岁	53	57.6
	46 岁及以上	17	18.5

表 4 - 4　　　　　　调查对象（管理者）的基本情况统计

项目	类别	人数（人）	占比（%）
性别	男	42	48.3
	女	45	51.7
学校属性	985 工程高校	9	10.3
	211 工程高校	15	17.2
	一般本科院校	63	72.5
级别	处级	10	11.5
	科级	32	36.8
	科员	45	51.7
年龄	35 岁及以下	31	35.6
	36—45 岁	43	49.4
	46 岁及以上	13	15

　　从表 4 - 2、表 4 - 3、表 4 - 4 中可以看出，调查对象各方面的分布具有较好的合理性和代表性，达到问卷调查的要求。

二　调查工具

　　本书结合现代大学制度建设涉及的大学与外部的关系如办学自

主权、大学法治和大学的管办评等问题，大学内部的关系如大学精神和大学理念、大学章程、学术权力与行政权力关系、院校关系改革等方面问题，采用自编的《关于制度伦理视角下的现代大学制度研究的调查问卷》（见附录）对调查对象进行调查。问卷采用五点计分量表对题目进行设计，对问卷的题目的每一选项分别赋值 1 分、2 分、3 分、4 分、5 分，分别表示非常不满意、不满意、一般、满意、非常满意。分别采用管理者、教师、学生问卷针对不同对象进行了问卷调查。

三　问卷的信度检验

本书根据 Cronbach's Alpha 来判断问卷的信度，对教师问卷管理者问卷和学生问卷的检验结果分别见表 4 - 5、表 4 - 6 和表 4 - 7，一般认为 Cronbach's Alpha 大于 0.7 则认为问卷的信度较好，按此标准，问卷信度良好。

表 4 - 5　　　　　　　　　教师问卷信度检验

量表	题数	Cronbach's Alpha
总体	22	0.909
1. 大学精神和大学理念	6	0.854
2. 大学章程	3	0.867
3. 学术权力与行政权力关系	5	0.887
4. 院校关系改革	2	0.923
5. 办学自主权	3	0.857
6. 大学制度改革	3	0.859

表 4 - 6　　　　　　　　　管理者问卷信度检验

量表	题数	Cronbach's Alpha
总体	20	0.895
1. 大学精神和大学理念	5	0.887
2. 大学章程	3	0.902
3. 对学术权力与行政权力关系认识	5	0.913
4. 行政化认识	2	0.892
5. 办学自主权	3	0.896
6. 大学各种制度改革	2	0.893

表4-7　　　　　　　　　　　学生问卷信度检验

量表	题数	Cronbach's Alpha
总体	12	0.823
1. 对大学人才培养总体满意度	1	0.845
2. 以学生为本情况	3	0.868
3. 对大学专业的认同	2	0.786
4. 对大学教学的认识	3	0.865
5. 大学学生思想政治工作	2	0.835
6. 对大学各种政策的认识和看法	1	0.812

四　问卷的效度检验

为确保问卷的有效性，请相关专家对问卷进行审核评定，经过分析，对问卷做出了"非常好、较好、一般、不太好、非常不好"5级定性评价，在9位专家的指导下对问卷进行了数次修改。表4-8和表4-9的数据结果显示专家对问卷的内容评分较高，所以，两种问卷的调查具有较高的有效性。

表4-8　　　　　　　　　专家基本情况统计（N=9）

职称	教授	副教授	讲师	合计
频数	5	3	1	9

表4-9　　　　　　　　问卷效度评价结果统计（N=9）

	非常合理	较合理	一般	不太合理	非常不合理
频数	3	5	1	0	0
占比（%）	33.3	55.5	11.2	0.0	0.0

第二节　现代大学制度的制度伦理困境问题的理性分析

在前面实证调查和文献分析的基础上，结合访谈和实践案例，从制度自由与秩序的冲突、制度公正危机、制度理性失范、大学法治、德性伦理缺失等对现代大学制度的制度伦理困境进行了分析，进一步探讨现代大学制度伦理困境的表现、成因，阐释现代大学制度伦理建设的现实紧迫性。

一 自由与秩序的博弈：现代大学制度中大学内外部关系伦理冲突

大学自治和学术自由既是大学的本质，也是大学制度伦理的基础。从这个意义上说，学术自由是大学得以永续的原因之所在。一方面，大学是学术组织，高深知识是其最本质的价值诉求，要保障高深学问，必须保持大学的学术自由和大学自治；另一方面，随着大学走出象牙塔，从社会的边缘走向社会的中心，大学越来越受到政府和社会的关注并被给予了更高的价值诉求，大学外部希望通过对大学的控制以利于社会经济的发展，政府和社会通过各种方式希望实现对大学的控制。布鲁贝克关于高等教育哲学的论断将高等教育分成认识论的高等教育哲学和政治论的高等教育哲学，根据认识论观点，大学是探究高深知识的场所，大学的根本属性在于其学术性，学术是大学的生命，学问本身即是目的。回到现代大学制度建设的命题，从理想状态来看，自由是在一定秩序中的自由，而秩序存在的重要目的是保障自由。这样一来，大学就势必面临自由与秩序价值冲突，产生了自由与秩序的博弈。但是现代大学制度建设的实际是，自由有突破秩序限制的需求，秩序则有限制自由的倾向。于是，自由与秩序的博弈成为我国现代大学制度的困境表现之一。

自由与秩序问题在现代大学制度中的伦理困境反映在两个方面的基本问题：第一，大学与外部关系的大学自治问题，乃现代大学制度的外部问题；第二，大学内部以学术自由为核心的大学内部制度建设问题。从外在制度讲要建立基于法律的大学法人化制度，从法律层面保障大学的办学自主权；从内在制度讲要培育植根于大学本质属性的学术自由制度。

（一）基于外在制度的自由与秩序：政府与大学的博弈

从现代大学制度发展历程看，大学外部对大学的权力干预与大学内在的自治要求之间的博弈一直伴随大学的发展过程。随着高等教育的发展，德国新人文主义教育家洪堡于 19 世纪初创立的柏林大学则揭开了现代大学制度建设的序幕。从此，"学术自由""大学自治""教授治校""教学与研究相统一"等我们今天所熟知的原则，逐渐成为现代大学制度的核心与灵魂。

从大学的学术性本质来看，学术性特点本质地规定着大学必须是一个充分自治的机构。从大学对社会的重要性来看，政府对大学干预的不断加强难以避免。现代大学走进社会中心的现实使现代大学制度深深打上了知识经济时代的烙印。大学对社会经济、政治、文化等社会事务的介入程度越来越深，以至于有必要用"政治的观点"来看待高等教育。布鲁贝克将其比喻为"就像战争意义太重大，不能完全交给将军们决定一样，高等教育也相当重要，不能完全留给教授们决定"。① 然而"不能完全留给教授们决定"的高等教育却有被政府绑架的风险。近代以来，法国政府关闭所有传统大学，建立符合其意愿的新型高等教育体系，英国政府通过议案强迫科学技术进入牛津大学都充分说明了这一点。在强势的政府行政干预面前，大学自治显得有些乏力。大学自治的自由取向与行政干预的秩序规范成为现代大学制度之外部制度建设的固有且短期难以消除的难题。

学术与政治的冲突是自由与秩序的博弈重要表现形式。晚清政府曾希望利用学政来实现对高等教育的控制，因此很多高校缺少自主权。民国初期大学改革中，高校权利自主凸显，更多希望实现高校学术自主，扩大高校自主权。蔡元培在北大改革中，使得学术力量有参与大学管理的机会。中华人民共和国成立后，政府权力过分集中，高校没有改革积极性，一切以政令为准，因此形成了今天改革的积弊，政府过度干涉大学，使得大学成为政府的附庸。在这样的境况下，政府也就越来越多地成为大学改革和建设的主导者和政策的决定者，形成政府不敢权力下放，一放就乱，一乱就收。因

---

① ［美］布鲁贝克：《高等教育哲学》，王承绪等译，浙江教育出版社 2001 年版，第 32 页。

此，在政治与学术之间一直存在着博弈，对现代大学制度建设影响颇大。

在我国高等教育领域政府与大学之间的关系仍然没有理顺，一方面是由于大学自身的缺陷，另一方面则是政府的统揽包揽导致的政府职能的"越位""缺位"。所谓政府职能在高校管理中的"越位"，是指政府在进行高校管理过程中超出了自身的管理权限，行使了不属于自己的权力，扮演了不属于自己的角色，承担了不属于自己的职能，管了许多不该管、管不好也管不了的事情。所谓政府职能在高校管理中的"缺位"，是与"越位"相反，是指政府在高校管理过程中，放弃了本应属于自己的实权和职能，未能充分扮演好自己应有的角色，未能履行好自己应尽的职责，在那些应该由政府管、只能由政府管、必须由政府管的领域未能很好地发挥作用。目前我国政府高校管理中的"缺位"主要体现为立法、政府维护教育公平、推动教育服务体制建设等方面的缺位。

对 J 大学的一位领导的访谈中就体现了政府与大学的关系没有理顺的问题导致的现代大学制度建设的困境：

"政府对大学的管、办、评的权限集于一身，在相当程度上制约了大学自由，政府对大学的越位和缺位很明显，如政府应该只负责对大学在经费拨款、质量控制标准、高等教育的布局、高等教育的宏观发展战略等方面进行指导；比如大学的招生专业设置、经费的使用、教师的聘用和教师职称的评定等事宜应该由大学自己决定，但是这些方面政府做得太细、管得过多，不利于大学发展。"

对 B 大学一位学部负责人的访谈也表述了类似的观点：

"大学改革首先应该是改革政府与大学的关系，应该借鉴国外大学制度建设的经验。比如大学的招生计划的确定应该由大学自己确定；政府不应该管大学的学科建设，才能显示大学的学术自由的本质和大学的特色；一些课程的开设由政府指定也在一定程度上限制了大学的自主权；联合学位由政府掌控，不利于大学的发展。"

在对 G 大学的师生的访谈中，他们眼中的高校与政府的关系：政府对高等教育的干预过多，导致制度执行不畅。高校和政府分离，高校领导多为学术型人才，高校领导与政府领导之间沟通存在障碍。

改革开放后，中国发生了历史性巨变。市场机制的引入打破了中国固有的各种平衡关系，随着中国向市场经济体制的成功转变，一方面政府的宏观调控机制日臻成熟；另一方面市场要素的不断出现，对社会也提出了不同的要求，特别是被推向"社会中心"的大学，这就需要大学从政府的隶属关系中解脱出来，按照社会的要求而不是政府的指令来发展自己，大学需要更多的自主权，自主办学的理念便应运而生。

（二）大学内在制度的自由与秩序：行政权力与学术权力的博弈

大学的学术属性和行政属性自诞生以来，就存在着固有的冲突和矛盾，因为二者反映了组织活动过程中两种不同的价值取向，大学组织的学术属性和行政属性在价值取向上相互矛盾，在现代大学制度建设上具体表现为学术权力与行政权力的博弈。

现代大学组织具有鲜明的双重性，一方面，大学是以高深学问为基本逻辑起点的学术组织；另一方面，大学作为社会的主要组成部分，是一个社会组织。作为学术组织，大学以知识创造创新和发展学术为宗旨，学术属性是本质属性，要发展学术大学需要具有相对独立性和一定的学术自由环境，大学的学术事务由学者自身来进行管理。同时，作为一种正式的社会组织，大学需要与社会保持必要的联系，以适应复杂多变的社会环境的需要，从而保证大学组织稳定和有序，这种要求仅仅靠学者本身是很难实现的，因此，为了保证大学的高效运行，除了大学学者以外，需要专门从事管理事务的职能部门来保证大学的正常运行，特别是到19世纪初，由于工业革命的迅速推进，大学逐渐从象牙塔里走出来，贴近社会，大学职能增多，大学不仅仅是探究高深学问和传授知识的学术组织，大学还承担了人才培养和社会服务的重任，原有的学者很显然已不能适应大学运行的需要，于是，早期由教师兼职的大学管理岗位逐渐被以专门从事行政管理为职业的人员所代替，大学中也就形成了一个完整的行政体系。行政权力就从学术权力中分化出来，形成了专门的行政权力。发展至今，由于大学在社会经济发展过程中起的作用越来越重要，承担的职能越来越多，大学与政府的关系也越来越密切，政府自然要通过行使行政权力来加强对大学的管理，同时政府也授权大学行使某些公共管理以便大学更好地为社会服务。如果说早期的中世纪大学，学术性是大学本质和基本属性的话，那么，大学的行政属性、经济属性、育人属性、政治属性等是大学适应社会经济政治的发展而形成的。

笔者认为，大学的本质属性是其学术性，而且大学的学术属性鲜明存在，一直伴随着大学的发展与演变。大学的学术性体现在两个方面，其一，学科和专业。大学是从事高深学问的学科和专业性学术组织。科塞描述道："由于学科的不同，以及专业化发展程度越来越高，大学的教师基本上都在自己的学科领地里研究与教学，这导致了专业学科规范差别巨大，其他学科的人很难对其专属领地进行评判。"其二，学术自由。英国学者科班（Alan B. Cobban）曾说："学术自由思想的提出以及永久的警戒保护它的需要，可能是中世纪大学史上最宝贵的特征之一"。① 纽曼（John Henry Newman）也认为，大学是一切知识和科学、实施和原理、探索和发现、实验和思索的高级保护力量。伯顿·克拉克称大学教师是"世界人"，大学的灵魂在于探求真理，而探求真理需要学术自由。② 布鲁贝克认为学术自由的合理性有三个支点：认识论的、政治论的和道德论的。③ 从认识论的角度，学术自由的认识支点表现为学者对于权威学术的质疑，质疑精神是最为可贵的精神。道德论的支点是大学的存在是为了公众利益，大学肩负着社会道德责任的传承和发扬。从政治论的角度，学术自由要同时对社会负责。从历史演变来看，如

---

① Cobban A B. , *The Medieval English Universities：Their Development and Organization*, London：Methuen & Company Ltd. , 1971, p. 235.

② ［美］伯顿·克拉克：《高等教育系统——学术组织的跨国研究》，王承绪等译，杭州大学出版社1994年版，第121页。

③ ［美］布鲁贝克：《高等教育哲学》，王承绪等译，浙江教育出版社2001年版，第48页。

果说从中世纪近代大学到洪堡现代大学形态，学术的支点主要是认识论和道德论的，那么到了威斯康星时代，学术的支点则主要是认识论与政治论的。

大学发展至现代，大学的功能不断拓展，但其学术属性仍是本质属性。20 世纪以来，以学术为理念的美国研究型大学的兴起奠定了现代大学永续发展的基础。正如美国典型的研究型大学霍普金斯大学的首任校长丹尼尔·吉尔曼（Daniel Gilman）所说："大学的目标是最自由地促进有益知识的发展，鼓励研究和提高学者水平。"①这种学术自由的思想和以学术性为本质的大学理念使霍普金斯大学得以飞速发展，成为美国顶尖级大学并迅速跻身世界一流大学之林。

从我国近代大学的发展历程中，我们亦可看到学术性是大学本质属性。蔡元培在北京大学 1918 年开学仪式上总结道："大学为纯粹研究学问之机关，不可视为养成资格之所，亦不可视为贩卖知识之所。"② 1919 年的开学仪式上他再次强调指出："大学不是贩卖毕业证书的机关，也不是灌输固定知识的机关，而是研究学理的机关。"③ 我们通过蔡元培所倡导的"学术自由、兼容并包"的北大校训和对"研究学问之机关"这一论断可以发现，蔡元培改造北京大学时所秉承的是学术至上理念。因此，中外高等教育都始终将大学定位于学术性组织，以发展学术为主旨。

学术是大学得以存在和发展的基础，彰显了学术的重要性；但学术活动是一种知识生产活动，不同于物质生产活动，是更高层面的活动，它需要在自由的学术环境中长期艰苦地探索，因此更需要强大的学术组织作保障。在亚里士多德（Aristotle）看来，人类活动可分为以谋生为主的"劳作"和以纯粹思考为主的"沉思"。其中

---

① 转引自卢晓东《联邦政府与美国研究型大学的发展》，硕士学位论文，北京大学，1995 年。

② 蔡元培：《北京大学一九一八年开学式演讲词》，载《蔡元培全集》（第三卷），浙江教育出版社 1997 年版，第 382 页。

③ 同上书，第 700 页。

人类的"沉思"生活不仅指导我们改造世界，而且其本身就有深刻的意义，即"知识本身就是价值"，这种活动是"人类最值得选取的生活"。他说："沉思有着本己的快乐，它有着人可能有的自足、闲暇和孜孜不倦，还有一些其他的与幸福有关的属性。如若一个人能终身都这样生活，这就是人所得到的完满幸福。"① 对此，纽曼（John Henry Newman）说："只要我们是人，我们就在很大程度上不由自主地信奉亚里士多德的人生哲学。"②

大学内部关系中学术权力与行政权力博弈直接导致了大学行政化问题。学术权力和行政权力是大学里面最基本的两种形态，在大学发展中都具有合理性。但是目前我国大学行政权力主导大学的发展，导致了大学的行政化。学术权力受制于行政权力，大学的学术生态没有很好地建立，学术事务被行政化，行政价值成为大学的主要价值追求，行政权力在资源配置、学术活动中主导作用显现。大学行政化也可称作大学行政权力泛化，这是大学行政化最为核心的特征。③ 近年的众多研究也表明，大学行政化现象在我国的大学表现十分突出，大学越来越行政化，违背了大学的运行逻辑。在本书的调查中也反映了这一问题，问卷问题"您认为您所在学校的行政化严重吗"中，选择"严重"和"极为严重"的有 286 分，占 90.1%，在问题"您认为目前学校的学术委员会（或教授会）发挥了应有的作用吗?"中，选择"起到一定作用"的为 115 分，占 36.5%，选择"没有起到作用"的有 132 分，占 41.9%，说明我国现代大学制度建设中的行政化趋势很严重，在相对程度上影响了现代大学制度建设。

在与相关人员的访谈中也谈到了大学行政化的影响：

---

① ［古希腊］亚里士多德：《亚里士多德全集》（第 8 卷），中国人民大学出版社1992 年版，第 228 页。

② Newman John Henry, *Cardinal*: *The Idea of a University*: *Defined and Illustrated*, Chicago: Loyola University Press, 1987.

③ 任增元：《制度视野中的大学行政化研究》，博士学位论文，大连理工大学，2012 年。

第一，管理人员职位、待遇提升存在障碍；行政岗位的工作人员不能评职称，很大程度上制约着他们的积极性。第二，官本位思想严重，导致很多教授、老师都争着当领导这一现象。第三，行政领导施展权利，学校行政人员没有充分发挥民主；在选拔干部人员时，都是处级以上干部自己评选，老师没有发言权。

从我国大学内部权力的构成来看，由于受计划经济的影响，行政权力一直主导大学的学术权力，学术自由理念并没有在大学得到真正的落实，"大学自治""教授治校"等大学普遍精神没有充分体现。在欧美高校，学术权力神圣不可侵犯。

在当前我国高校的管理中，学术权力重要性被学校管理层忽视，在他们看来学术人员就是进行学术研究，何来什么学术权力。同时，目前的高等教育管理模式导致大学的资源分配是行政导向的，谁的话语权大，谁就拥有更多的资源，学术权力处于弱势地位。从本质上看，作为培养人的高等教育组织，大学应以学术和学术人员为主体，但在实践中学术的主体性远没有得到落实。这就带来了一个怪现象，学术人员竞争行政权力，导致一些博士、教授从学术轨道中脱离，从而影响高校的持续发展。

在 G 大学对师生进行访谈的时候，他们对师生参与学校管理表达了自己的观点：

第一，大学生没有参与高等教育制度管理，一般的老师也被排除在外，而是由学校行政人员独裁。第二，大学生参与了高等教育学术方面的管理，例如科研等方面；还参与了学校的管理，例如考勤检查等。第三，教学存在问题，和国外实践型教学相比，我国教学过于死板、枯燥。

在现代大学规模不断扩大的过程中，建立现代大学制度必须直面大学发展的现状，思考如何改变行政独大的状况，构建大学"学术—行政共同体"，使现代大学成为一种"多元的"机构，是我们努力去完成的任务。另外，大学的"松散联合体"性质决定了行政管理和学术管理的共同作用才能保证大学在整体稳定有序的状态下不断得到发展。如果不能处理好现代大学制度内部这种价值理性和工具理性的失衡，大学组织将会发生异化，现代大学制度建设也不会收到预期的效果。① 因此，从现代大学制度的内部建设看，必须正视大学的行政管理与学术自由的关系。

二　公正性危机：现代大学制度的深层伦理困境

制度公正是人类社会治理具有合法性、正当性的基础。在民主社会，制度公正使社会成果人人共享，每个社会成员的尊严得到保证，潜力得到激发，民主意识得到有效发挥，并为人类的全面自由发展提供有益的外部环境和现实路径。

公正性是现代大学制度伦理中的最核心部分，它反映了大学对于社会的价值，对于社会经济发展意义重大。公正是一切社会制度的核心价值，大学制度的根本目的在于维护大学的公正性。正因为有了公正，所以，大学制度能够使近代大学自中世纪以来历经历史的洗礼和激荡而岿然不倒，即使是专制暴敛、恐怖恫吓也能从容应对，从而将自身的意义发扬光大，让人类社会在曲折中实现进步，在愚昧中走向文明。

由于受非学术因素的干扰，长期以来，我国大学的学术属性并没有在大学中得到体现，行政力量主导大学的运行，存在大学的行政权力对学术权力的侵占，大学制度不能维护和保障大学的公正性；相反，还成为遮蔽学术价值的工具。从而导致了大学制度的公正性危机。

当现代的大学制度不具有公正性，当原本具有公正性的现代大学制度丧失了其公正性，我们就将这种现象称为现代大学制度的公正性危机。公正性危机是世界现代大学制度面临的共同挑战。

（一）公正理念的深层危机

现代大学制度的公正性是伴随着现代大学制度的建立而形成的，而现代大学制度的公正理念则是在现代大学的发展过程中逐步得到完善的。在现代大学后发国家，制度的公正理念本身缺乏牢固的高等教育基础，也缺少必要的社会文化背景，所以，其在现代大学制

---

① 朱平：《现代大学制度的制度理性》，《现代教育管理》2013 年第 4 期。

度形成过程中的确立及维护本身就是一个难题。我国是现代大学后发国家，现代大学制度的公正性一直是我们所期盼的，从 19 世纪后期至今，众多教育家和大学内外的有识之士为此做出了不懈的努力，但至今仍存在诸多不尽如人意之处。所以，《教育规划纲要》要求："完善中国特色现代大学制度。完善治理结构。公办高等学校要坚持和完善党委领导下的校长负责制。健全议事规则与决策程序，依法落实党委、校长职权。完善大学校长选拔任用办法。充分发挥学术委员会在学科建设、学术评价、学术发展中的重要作用。探索教授治学的有效途径，充分发挥教授在教学、学术研究和学校管理中的作用。加强教职工代表大会、学生代表大会建设，发挥群众团体的作用。"

（二）公正主体的边缘化

现代大学面临来自社会各方面的诱惑，同时也在谋求社会各方面的支持；现代大学面临内外多方面的利益博弈，同时也在进行主动或被动的判断与选择。正是在这种博弈与选择中，现代大学制度也在进行适应性变化，有的是积极的，有的是消极的。制度积极的变化使现代大学更具有适应性，能在更加纷繁复杂的内部关系以及与社会的关系中，保持自身的公正性，更好地履行学术的使命。制度的消极变化则导致大学的现代性遭到削弱，制度本身的公正性受到侵蚀，学术的地位发生偏移，公正主体被边缘化。

（三）程序公正与实质公正的背离

制度的实质公正也称分配的公正，是指制度安排中对社会资源、要素及权益的分配结果的合理与正当。制度的程序公正也称形式公正，主要是指制度安排中社会资源、要素及权益的分配规则在制定和适用过程中的正当和公道。制度的公正强调的是权利的"各尽所能，各得其所"，还需一个前提就是制度的程序公正。制度公正强调权利、地位的分配以劳动贡献为依据，是以对契约、规则的尊重与维护为基础的。公正原则必然包含着程序公正的要求，对竞争规则的肯定和维护，才能保证结果的公平与公正。如果说实质公正是结果的公正，那么程序公正是指规则和过程的公正，强调的是制度的形式、规则和程序的公正性。罗尔斯认为程序公正可以划分为纯粹的程序公正、完善的程序公正和不完善的程序公正。

三　现代大学制度的制度理性失范

随着我国高校扩招，我国高等教育总规模持续增加，高校在校人数从 1998 年的 786 万增加到 2014 年的 3445 万，毛入学率也从 1998 年的不到 10% 增长到 2014 年的 37.5%，每年的高校毕业生从 1999 年的不到 100 万增加到 2014 年的 727 万，我国高等教育迈入大众化阶段。① 然而，随着规模的扩大，现在大学呈现的光怪陆离的现象让人瞠目结舌，难怪有人感叹于"没有真正的大学"，大学校园里面公司、商行、超市乃至酒楼茶楼等娱乐场所一应俱全，除了大学的理念缺失以外，大学已不再是象牙塔，而是拥抱官场与市场，大学与社会的边界越来越模糊，大学传统以学术为本的身份受到挑战。大学的表现就像"枪手"，愿意按吩咐办事，去帮助任何拥有足够权力和金钱的群体实现其抱负或野心。② 大学受到各个利益相关者的质疑与批评，甚至有人直接给大学冠之以"理性失范"或者"非理性发展"的称谓。

"失范"（anomie 或 anomy）是社会学术语，最早是由法国社会学家迪尔凯姆（Emile Durkheim）提出，他把"失范"解释为一种无规范状况或是社会准则的缺乏和混合不清，英文表述为"norm-lessness"和"lawlessness"，"norm"和"law"均有"规范"、"规则"、"法律"和"规律"的含义。罗伯特·默顿（Robert C. Merton），从词的功能把失范作为"反常的"、"病态的"或"偏差的"现象进行研究，研究解释为结构紧张在社会行动上的表现，或是个体心理上的病态征兆。"失范"一般是指在现代化过程中，因传统价值和社会规范遭到削弱、破坏，乃至瓦解，导致社会成员心理上的无序状态。

---

① 教育部：《各级各类学历教育学生情况》，2015 年 7 月 18 日，http：//www. moe. gov. cn/s78/A03/moe 560/jytjsj.

② 德里克·博克：《走出象牙塔》，徐小洲、陈军译，浙江教育出版社 2006 年版，第 74—75 页。

所谓"社会失范",一方面是指社会的价值与规范体系产生紊乱而导致功能丧失,无法指导与约束社会成员的思想与行为,使整个社会秩序呈现无序化状态;另一方面也是指社会成员违背主导的社会规范的行为。① 因而,"失范"不仅指个人行为,也涉及群体行为。"失范"一词来自希腊文,在16世纪的神学中指不守法,尤其是亵渎神。法国哲学家和社会学家居约(Jean Marie Guyau,1854—1888年)最早在学术意义上定义并使用失范概念。在居约看来,失范是伦理进步的标志和道德价值的体现,既是个人自治的必然后果,也是个人获得解放后个体自由伸张的标志。和居约同时期的法国著名社会学家涂尔干(Emile Durkheim,1858—1917年)从居约早期作品中汲取了营养,发展了失范概念,并引入社会学中,使该概念广为人知。1893年,涂尔干在《社会分工论》的序言中明确地提到了他对居约的失范概念以及他的道德观念的不同理解。② 涂尔干认为"失范是所有道德的对立面",这就像公理一样无须证明,"我们所要揭示的失范状态,它造成了经济世界中极端悲惨的景象,各种各样的冲突和混乱频繁产生出来"。③ 因此,涂尔干的失范概念是指一种与正常现象相对的反常的社会状态,其本质特征是社会整合的病态征兆,是"社会在个体身上不充分在场"的结果。④ 失范概念在居约那里以"正面形象"出现,到涂尔干时则以"负面形象"出现,是因为它们分别居于两种截然不同的传统之上。涂尔干是孔德实证主义和理性主义的继承人,强调社会事实和分析的社会性质,认为社会的道德要在个人道德之上;而居约则认为个人道德才是至上的。居约看到在一个动态变化的社会中,个人是积极的行动者;涂尔干则强调无论社会如何变化,道德符号的外在性和压力

① 朱力:《失范范畴的理论演化》,《南京大学学报》(哲学社会科学版)2007年第4期。
② M. Orrù. Anomie, *History and Meanings*, Boston: Allen & Unwin Inc, 1987, p. 95.
③ 埃米尔·涂尔干:《社会分工论》,渠东译,生活·读书·新知三联书店2000年版,第14页。
④ 渠敬东:《缺席与断裂:有关失范的社会学研究》,上海人民出版社1999年版,第33页。

是永恒不变的，失范本质特征是一种反社会形态，完全是社会整合的病态征兆。总之，失范是现代社会转变过程中不可规避的紧张状态，"首先，就强调整合的传统理论来说，失范既代表了社会秩序紊乱和道德规范失衡的反动倾向，又是这一理论无法逃避的社会基本事实；其次，对正常的社会秩序而言，失范现象实际上是一种可以治愈的反常现象或病态现象，它对整合理论的基础并不会构成多大的威胁"。①

在西方文明史上，尽管理性作为人类智慧之果曾经创造了极大的辉煌，但它由于一方面过分相信逻辑的规范性与自身的确定性，过分追寻世界的直线式进步，在认识与征服世界过程中形成了人类的自我中心主义；另一方面过分重视理智力的作用，几乎完全忽视人的情感、意志、本能、冲动等非理性的内在生命体验在人的整个精神和物质存在中的作用，忽视人的本质、存在、价值、尊严与意义，在如何对待和处理与人类自身相关的问题时又流露出了强烈的去人本主义倾向，因而近半个多世纪以来遭受到了各方的非议、质疑与拷问，甚至被一步步拖进迷惘与失范的境地，造成理论与实践的混乱（有时直接表现为"非理性"，甚至"反理性"）。研究表明，造成这种状况的根源主要在于"人们只看到它的物质成果，而渐渐忘记了它的内在要求和合理行使"。② 一般而言，这种"理性失范"通常最先体现在经济与政治方面，随后侵入文化领域，最终肆虐于大学系统。发达国家如此，发展中国家更盛。在经济方面，理性失范主要表现为受市场经济的盲目驱动，经济行为出现失控，使得灵魂的马车受欲望盲目驱动冲出了理性的轨道，误入歧途。例如，20 世纪 90 年代末肇始于东南亚发展中国家的亚洲"金融危机"，21 世纪初由发达国家"次贷危机"引发的全球性"金融危机"，实际上就暴露了人类片面追求经济高速发展的"非理性"病

---

① 埃米尔·涂尔干：《社会分工论》，渠东译，生活·读书·新知三联书店 2000 年版。

② 丰子义：《试论现代化进程中的理性与非理性》，《北京大学学报》（哲学社会科学版）1998 年第 5 期。

症。在政治方面，理性失范主要表现为社会转型时期制度与权力的失范。新的制度规范与权力规范没有建立，各种制度与权力均难以发挥正常的作用，各领域双重规则并用正式规则式微，"潜规则"横行。

理性失范在大学制度伦理这一特定体系中的表现即为"现代大学制度理性"，现代大学制度理性失范有着复杂的时代背景和社会原因，但是无论其如何复杂，在根本上根源于现代大学制度在设计和运行中偏离学术本质属性，片面追求学术之外属性（主要是行政属性与政治属性），而渐渐遗忘大学制度理性的本质功能与内在要求。就中国目前情况看，现代大学制度理性直接体现为大学行政化与产业化或者企业化倾向，甚至可称为权力崇拜与市场崇拜。抽象一点说，现代大学制度正面临官僚主义（Bureaucrat – ism）与经济主义（Economism）由表及里、由内而外的裹挟。大学制度失范主要表现为：

第一，大学行政过度扩张。行政与学术边界模糊，行政权力几乎掌握大学所有资源的分配，不仅决定大学后勤、基建等，而且随意干预学术事务，决定大学学术事务，包括学术职位安置、普通教师聘任、学术成果评价等，甚至连大学学术委员会、学位委员会等学术机构都由于行政权力的控制而可能名存实亡。学术权力行政化，即在大学内部学术权力讲究级别，奉行行政系统下级服从上级的运行规则，甚至以学术兑换权力，形成权力崇拜。行政权力官僚化，背离了为教学和科研服务的宗旨，行政机构监管教学科研，从服务机构异化为统治机构，行政权力异化为官僚权力。大学系统的行政化与官僚化倾向造成了大学系统内的权力倒错，主体倒错，价值倒错，伪劣现象，资源浪费等诸多弊端，并直接成为我国大学培养出杰出人才的"瓶颈"与障碍。

第二，学术权力式微与大学精神的失落。与机关、企业等组织不同，作为学术组织的大学，有其自己的运行逻辑。在大学中，事关学术的决策权应该是分散在组织里的，因为学术就其本质而言是一种高度个人化的事业，如绝大多数论者所主张的，校长可以制定学术发展的总体目标，但他不能代替教授做学问、搞研究。一个不太恰当的类比是，即便就企业而言，一个生产个人定制产品的企业比之于从事装配线或流水线生产的企业，需要一种更为灵活的组织结构，高度个人化的学术研究同样需要灵活的组织结构。学术权力的式微多与行政权力的扩张和泛化相关，它们在很大程度上是一个问题的两面：行政权力过度扩张和泛化，行政权力干预甚至取代学术权力的现象普遍存在，在行政权力的强势干预下，学术组织和学术权力机构"虚位"现象严重，很多本来被赋予学术权力组织的权力实际上被架空，无法真正发挥作用。① 大学始终是或应该是探究学问的场所，学者和学生一直都是或应该是大学的主角，自大学产生以来，大学的实际情形也是如此。大学规模扩大带来的管理方式的科层化和行政权力扩张并不意味着大学存在的理由发生了变化，而只要大学之为大学的理由不发生变化，学术权力的主导地位就不应变化。另外，如有学者所指出的，"学术价值与行政权力价值的体现方式是截然不同的，前者表现为创造精神、批判精神，并以对社会的终极关怀为己任，其主要特征是求异和超越；后者表现为执行政策、服务协调，并以对管理效率的追求为己任，其主要特征是统一和服从。创造精神是大学存在的价值所在，是大学在社会有机体中保持自身地位和生命力的法宝；批判思维使得教师在工作过程中能够以严谨而科学的态度对待传统与现实，从不盲从，正因为如此，大学才有别于其他任何行政科层组织"。②

第三，学术权力的行政化与行政权力的学术化。学术权力的行政化与行政权力的学术化是我国公立高校行政权力泛化和学术权力式微的一个表征。学术权力行政化实际上是学术权力本身的异化，从高校自身的健康发展来说，它有百害而无一利。学术权力的行政化可以分为三个层面，一是就高校的整体而言，行政权力的扩张和

---

① 钟秉林：《现代大学学术权力与行政权力的关系及其协调》，《中国高等教育》2005 年第 19 期。

② 董云川：《论大学行政权力的泛化》，《高等教育研究》2000 年第 2 期。

泛化使得行政权力能够轻易侵犯学术权力，甚至整个高校都变成了一个庞大的行政管理机构。二是学术权力主体积极谋求行政职务并借此进入行政管理科层，也就是当前我国高校学者中出现的所谓学而优则仕的现象，这从一个侧面反映了行政权力的巨大吸引力，但这对学术的健康发展以及学术权力的正常运行都是不利的，有人戏言，毁掉一位科研骨干的最好方式就是赋予其行政职务。对该问题，我们还要补充一点，我们应该鼓励学者积极参与学术管理，让内行来管理内行，但参与学术管理并不必然意味着学者都应该去谋求一官半职，因为学术管理中最为重要的工作也许都是以一种分散化的方式在专家学者之间进行的。三是高校学术权力机构的行政化或异化，即已有的学术权力和学术权力机构也有可能异化，成为一种类似行政权力的权力，当然，其正当性也就可能因此而受到质疑，较为突出的案例是刘燕文诉北京大学学位评定委员会一案。本案中人们关注的一个焦点问题就是刘燕文提出的抗辩理由，即校学位评定委员会对其学术权力的行使缺乏正当性基础，因为，众所周知，现代学术发展的一个重要特征就是专业的细化，即便是一个院士或知名学者，在其专业领域之外也可能和普通人无异。那么，校学位评定委员会的那几位专家，在其专业范围之外的专家身份就令人生疑。在本书看来，这其实是学术权力异化的表现，尤其是校级学位评定委员会行使的更像是一种行政权力，而非学术权力。

学术权力的行政化反映了行政权力在我国高校中的强势地位和可怕吸引力，行政权力的学术化同样反映了行政权力在与学术权力对比中的压倒性优势。行政权力的学术化主要指称当前高校掌控行政权力者利用或不利用手中权力谋求学术职位和学术地位的现象和趋势。一方面，这多少反映出高校行政权力掌控者内心的焦虑和不安，因为高校毕竟不是普通行政机关，其以教学和科研为工作中心的定位使得行政权力掌控者至少应在口头上支持学术权力（to pay lip service），这以一种隐晦的方式表明我国公立高校中学术的发展以及学术权力的强化前景远未到一种不可救药的程度。另一方面，这又反映出面对行政权力时，学术权力的无奈和无助，以及学术权力向行政权力的屈从。

综合起来，大学制度理性失范导致的后果就是：一方面，喧嚣成为大学校园生活的常态，大学机体自身面临严重失范或失调，社会把对大学的需要蜕变成对大学的欲求；另一方面，官僚组织的绩效观与知识工厂的市场化理念全方位渗透到大学环境中，导致校园政治化、企业化倾向越来越突出，于是大学的性质、定位、功能、使命都与社会其他组织使命趋同化，边界模糊化，大学至高学术理性和纯粹人文精神弱化，甚至被抛弃，大学再次面临身份认同的问题。

四　大学法治不完善：大学章程的视角

现代大学制度移植于西方，学术自由和大学自治应该是大学制度建设的题中之意。但是受我国大学发展和中华民族文化传统的影响，大学制度运行并没有处于法治之下。因为，法治在我国的时间并不长，伴随着社会伦理关系从高度集权到民主过程，是大学人治到法治的变化。

由于中国古代社会长期处于人治状态，律法只是人治的一种手段。尽管孙中山所领导的旧民主革命以民主为其基本宗旨，但是旧民主主义革命并没有从根本上动摇人治传统。尽管中国共产党以马克思主义为指导思想，建立了人民民主共和国，但是人治的影响仍然根深蒂固。这一方面是由于"旧中国留给我们的封建专制传统比较多，民主法治传统比较少"；另一方面，"解放以来，我们也没有自觉地、系统地建立保障人民民主权利的各项制度，法治很不完备，也很不受重视"。①

加强立法和章程建设，为建设现代大学制度提供法治引领和保障，对建立现代大学制度意义重大。健全完善现代大学制度是一项系统的改革，必须建立起一整套系统完备、科学规范、运行有效的制度体系，这套制度体系必须是良法，必须符合上位法的规定、原

---

① 邓小平：《党和国家领导制度的改革》，载《三中全会以来重要文献选编》（上），人民出版社1982年版，第523页。

则和精神。为此，一方面，我们积极推进教育法、高等教育法、民办教育促进法、职业教育法等法律的修订，这些法律修订草案对完善现代大学制度做出了法律上的规定，比如，修订高等教育法中学术委员会条款，扩大学术委员会在学校学术事务中的职权。目前，这些草案已经提请国务院审议。另一方面，大力加强大学章程建设。大学章程是大学作为一个独立社会组织或法人实体在办学、管理及各项实际工作过程中所必须遵循的行为规范和准则。大学章程在大学中具有"宪章"的地位和功能，是确保一所大学成为自主、自治、自律主体的关键所在，是现代大学制度建设的重要载体。为完善我国的现代大学制度，促进各个高校的大学章程制定，依照《教育法》等有关法律的规定，教育部于2011年发布了《高等学校章程制定暂行办法》。在美国，大学章程确实被视为一所学校的"宪法"和"基本法"，是依法治校的重要组成部分。大学章程的制定、修改、实施均有明确且严格的程序，学校的教育、教学等方方面面的事务均以大学章程为依据，章程是高校自治的重要途径。通过章程制定有利于理顺大学与政府的关系，有助于完善大学内部的治理结构。2013年11月，核定首批6所大学章程，到目前为止，教育部已经核准了84所教育部直属高校章程，湖北、山西、吉林、福建、江西、陕西和贵州等地均开展核准工作，章程建设取得了进展。然而，我们必须看到，在我国最近的大学章程建设的实践中，我国的大学章程建设存在不足，大学章程的建设对现代大学制度的作用还有待完善，需要进行完善。

我国现代大学制定章程现状如何？笔者对 G 大学章程制定现状进行了深入访谈和调研。

G 大学是一所省属大学，它创办于20世纪50年代，有较为厚实的积淀和缓慢的发展，以经济管理为特色和优势，几十年来，一直在省内享有较高的声誉。如今，它本科生规模将近两万人，研究生规模一千多人，是教学研究型大学。

笔者在2014年9月对大学章程建设进行访谈中，联系了学校办公室工作人员，了解大学章程由谁制定，怎么制定的。他告诉笔者，学校的大学章程由学校的战略规划部门负责制定，笔者对 G 大学的战略规划研究办公室进行调研与访谈，他们也表示很无奈：他们有种"架空"的感觉，像大学章程制定的情况，他们并不知晓，大多数学校事务的权力由大学的行政主管部门来决定，因此，他们常常自称为学校的"虚体"或者"摆设"的机构。尽管他们在学校战略规划方面有些优势，但是在学校管理制度的设计上，缺乏和行政主管部门的协同性和耦合性。从学校师生的访谈情况看，大学章程的建设并没有在师生中引起关注。

从各方面的反映来看，Z 大学的章程制定状况并不尽如人意。但问题出在哪里？如果大学只是为了应付教育部的检查，标榜依法以章程来治理学校，那么大学就有可能随意组建一个起草小组，然后依据相关的法律和其他大学的模板，制定一个文件，起草其大学的章程，这样的大学章程制定只能是成为一种形式，失去了其制定的意义，与《高等学校章程制定暂行办法》中第 16 条"学校党政领导、学术组织负责人、教师代表、学生代表、相关专家，以及学校举办者或者主管部门的代表组成，可以邀请社会相关方面的代表、社会知名人士、退休教职工代表、校友代表等参加"相违背。

2013 年 11 月 28 日，中国人民大学、东南大学、东华大学、上海外国语大学、华中师范大学、武汉理工大学 6 所高校拿到了教育部颁发的高等学校章程核准书。这 6 所大学的章程成为《高等学校章程制定暂行办法》颁布以来核准的第一批高校章程，标志着我国高校章程建设"取得了实质性进展"。①

本书以首批通过教育部核准的 6 所直属高校和北京工业大学、浙江林业大学、西北大学、新疆财经大学、湖北大学和贵州财经大学等全国部分地方高校的大学章程为例，分析现代大学制度建设中的大学法治建设面临的困境。

① 光明网评论员：《千万别辜负了大学"宪章"的使命》，http：//guancha. gmw. cn/2013 - 11/30/content9653508. htm.

1. 如何有效保障大学章程的法律效力问题①

在我国，大学章程的合法性最初来源于晚清三大章程：《奏议京师大学堂章程》、《钦定京师大学堂章程》和《奏定大学堂章程》，它们"既是大学的章程又是高等教育法"。② 新中国成立后，由于我国高校进行了苏联式改造，政府的干预日益增强，大学失去了办学自主权，章程对我国大学而言成为可有可无的规章，无法发挥应有的作用。为推动高校实现自主办学，教育部于 2011 年颁布《高等学校章程制定暂行办法》（以下简称《办法》），提出"章程是高等学校依法自主办学、实施管理和履行公共职能的基本准则"，明确了章程在高等学校内部的地位；规定"地方政府举办的高等学校的章程由省级教育行政部门核准，其中本科以上高等学校的章程核准后，应当报教育部备案；教育部直属高等学校的章程由教育部核准；其他中央部门所属高校的章程，经由主管部门同意，报教育部核准"，明确了我国高校章程的核准主体是教育主管部门。但是，《办法》对大学章程核准主体的规定，显然不利于维护章程的法律权威。因为我国的立法机构是各级人民代表大会，教育行政主管部门不是立法机构，由教育行政部门来核准高等学校的章程，不仅直接影响到章程的法律效力，而且使得大学章程试点工作无论如何也跳不出行政主导的藩篱，这对于促进大学自主办学毫无裨益。相比之下，西北大学章程的核准主体则是权威的立法机构。例如，1863年成立的美国密歇根州立大学，就是根据《莫雷尔法案》由州立法机构批准设立的赠地学院，其章程的法律渊源和其他赠地学院一样，来自联邦政府的《赠地法案》及国会的补充条例。③ 如果没有权威立法机构来保障我国大学章程的法律效力，即使章程被制定出来，其后续的实施和监督也无法得到保障。

---

① 董凌波、冯增俊：《我国大学章程制定的困境与出路——基于国内六所大学章程的分析》，《复旦教育论坛》2014 年第 12 期。
② 马陆亭、范文曜：《大学章程要素的国际比较》，教育科学出版社 2010 年版，第26 页。
③ 同上。

2. 地方高校和教育部直属高校章程核准分层带来的公平问题

《办法》中提出"章程是高等学校依法自主办学、实施管理和履行公共职能的基本准则";明确规定"地方政府举办的高等学校的章程由省级教育行政部门核准,其中本科以上高等学校的章程核准后,应当报教育部备案;教育部直属高等学校的章程由教育部核准;其他中央部门所属高校的章程,经由主管部门同意,报教育部核准"的分层审核机制,这种分层核准会带来公平问题。第一,审核的机构不同,其法律效力必定不同。从而导致不同大学在法律上的地位的差异。第二,对于省属高校而言,由于举办者是各省人民政府,所以,章程文本中关于"举办者权利、义务"的规定,只能针对各省级人民政府,无法确定中央及作为国家教育行政主管部门的义务。而我国高校的学科专业设置、重点学科建设、课程开设、招生计划、财务管理等权力仍然集中在国家教育行政部门,地方政府无力履行其权利、义务。例如,教育部实施的"本科教学质量与教学改革工程"、"研究生国家助学金"、"基本科研业务专项资金"等,中央专项财政经费均未向地方高校投入。如果大学章程将大学分层审核,有条件的地方高校更加难以享受与国家部委高校同等的政策经费支持,形成事实上的不公平。

3. 各个大学章程的内容趋同,未能凸显学校的特色

对已经发布大学章程的教育部直属高校和地方高校的章程文本进行分析,可以发现,各个大学章程的内容在严格遵守《办法》各项要求的前提下,内容呈现趋同性。虽然不同的学校对内容有不同的归类,但总的来说章程主要包括总则、管理体制、组织机构、教职工、学生、外部关系、投入与保障、学校标志和附则几大部分。大学章程中均设立了党委会、纪律检查委员会、校长及校长办公会、学术委员会、学位评定委员会、教学委员会、工会、教职工代表大会、学生代表大会、团委等组织机构,且这些机构的权责基本一致,即党委是最高决策机构,纪委是监督机构,校长及校长办公会是执行机构,其他各种委员会根据性质参与学校管理,是"提出意见和建议"的机构。各高校章程内容的趋同性,特别是管理体制

方面的高度相似性，是对原有管理体制和办学体制的延续。大学章程的制定无法触动原有的大学管理体制，无法体现出大学的办学特色，"千校一面"的状况仍将持续下去。

4. 办学自主权在大学章程中没有得到彰显

第一，大学章程中对谋求外部关系突破存在较大困难。一些高校希望通过章程建设来改变与政府的对话方式，探索更多的自主权。有的高校希望通过章程试图建立大学理事会，将理事会界定为"协调和处理学校与政府、学术与社会之间的主要事务的决策机构"，以突破外部关系，但是由于各种原因，最终这个机构只能定位于"咨询机构"。有的高校曾将大学办学自主权单列一章，内容涉及自主招生、课程改革、职称评审、自主理财和同城待遇等方面内容，也由于各种原因在章程交由省级教育行政部门的核准稿中将相关内容删除了。第二，决策主体呈现单一性特点。高校章程文本中对于学校决策体制都是实行党委领导下的校长负责制，党委会拥有最高决策权。第三，学术委员会等机构有效参与学校民主决策十分有限。学术委员会是大学学术权力的代表，学术委员会在大学中的地位，直接反映了学术权力在大学中的地位。在西方的很多大学中，学术委员会在学校内部具有举足轻重的地位，是学校内部重要的决策机构。例如，柏林洪堡大学的学术评议会就具有对学校《财政计划草案》等十四项内容做出决议的权力。[1] 然而，从上述的高校章程对上述机构职权的限定不难看出，上述机构不具备决策权，在学校重大管理事务和决策事务中发挥的作用十分有限。例如，华中师范大学章程中对学术委员会的职权规定如下：①学科、专业建设规划，自主设置或者申请设置的学科专业；②学术机构设置方案；③科学研究规划及年度计划方案；④教学科研成果、人才培养质量评价标准及考核办法；⑤学位授予标准及规则，学历及非学历教育的标准、教育教学方案以及发展政策；⑥学校教师职务聘任标

---

① 马陆亭、范文曜：《大学章程要素的国际比较》，教育科学出版社 2010 年版，第 166—168 页。

准、政策和办法；⑦学术评价、争议处理规则，学术道德规范；⑧
重大学术交流活动、对外学术交流合作规划；⑨学术委员会专门委
员会组织规程，学院（中心）学术委员会章程；⑩学校章程或者学
术委员会章程规定的其他事务。从中我们可以看出，学术委员会在
大学治理中的作用十分有限。

5. 对章程内容的落实缺乏有效监督

对于章程内容的监督问题，《办法》规定："高等学校应当指定
专门机构监督章程的执行情况，依据章程审查学校内部规章制度、
规范性文件，受理对违反章程的管理行为、办学活动的举报和投
诉。"但是，由高等学校来指定专门机构对章程的执行进行监督，
存在三大问题。第一，除政府部门外，目前社会上还没有形成相对
独立的监督机构。第二，由于没有独立的专门机构，高校只有指定
政府机构作为监督章程执行的专门机构。就目前的高等教育管理体
制而言，教育行政部门理所当然地成为高校章程实施的监督者。这
一点在《办法》中也有印证："高等学校的主管教育行政部门对高
等学校履行章程情况应当进行指导、监督。"第三，监督机构对章
程进行监督的依据不足。例如，柏林洪堡大学章程就明确规定了章
程的监督依据："联邦州拥有法律监督权力。负责高校事务的行政
管理部门可根据《柏林大学法》第56条相对于大学校长的监管权
自治独立地实施此权力。"① 就我国目前的情况来看，教育主管部门
监督章程实施情况的依据就只有《办法》。但是，一方面，《办法》
只是由教育主管部门颁布的行政规章，其权威性和由立法机构通过
的法律条款有一定差距；另一方面，《办法》也没有细化监督的细
则，只是笼统地提出"对高校不执行章程的情况或者违反章程规定
自行实施的管理行为，应当责令限期整改"，这一模糊的、没有明
确法律依据的监督规定极有可能导致对章程的监督无法落到实处。

在调查问卷中教师对章程的作用的发挥有限。调查问题"你认

---

① 马陆亭、范文曜：《大学章程要素的国际比较》，教育科学出版社2010年版，第
162页。

为大学章程对大学发展的作用"中，33%的受访者选择不重要。

　　大学章程并不是伴随着大学的诞生而产生，是随着大学的自治需求而出现的。纵览世界大学章程发展的历史变化，大学章程制定的表现形式有两种：其一是以美国、日本为代表的由地方的法律自行制定颁布生效或者由大学决策机关——董事会依据特许状生效；其二是以英、德、法等国为代表的，由大学决策机构制定依据特许状及法律制定，但须由相应的政府机构批准之后，颁布生效。不管是哪一种方式，大学章程的制定权力一般是在大学，其实也是大学自治的反映，同时更是大学自治的核心和关键。

五　德性伦理的缺失：在培养自由发展的人的目标上的背离

　　现代大学制度建设应该注意有利于守护大学的育人环境和学术研究，摒弃喧嚣，排斥商业化，培养自由发展的人。即是现代大学制度以德性伦理为大学发展的内在形态，德性伦理是一种批判和重建现代市民社会的重要价值观资源。在大学，大学人的德性养成对于大学的人才培养具有十分重要的意义和价值。由于受市场经济影响，功利性思想渗透到大学，导致了大学在培养自由人的过程中的德性伦理的缺失。

　　大学德性是指大学人在教育实践中不断修养获得性的内在精神品质，是一种以理性为基础、以积极道德心理为动力、以自觉趋向益己利他行为为存在目的的较为稳定的道德品性。[①] 大学制度的德性伦理是一种"以人的德性为中心"的伦理，它强调的是"我应该成为什么类型的人"。它更多关注人自身的内在品质，强调行为的道德动机。大学制度的德性伦理把德性、良心等概念作为基本概念，强调以"自我实现"为价值取向的个体道德人格的完善，认为德性是人性的本质要素。总之，在大学制度德性伦理看来，做一个道德的人，如亚里士多德所言，"在于举止高尚而不只是避免做卑贱的事"，在于养成一种"爱高尚的事物和恨卑贱的事物"的道德精神。

---

① 王家军：《学位管理伦理论纲》，博士学位论文，南京师范大学，2006年。

现代大学起源于宗教，在诞生之初就与宗教有着千丝万缕的联系，在发展过程中以弘扬人性为宗旨，关注人的德性。就是在大学从象牙塔走向社会的中心，处在功利性的物欲之中仍不忘大学的本质，坚守学术和培养有教养的人，培养人的自由发展，进而推动社会进步。

人的自由发展需要教育者和被教育者共同努力。在大学制度的建设中，德性伦理的培养可以在两个方面作为。其一，以教师为本。以教师为本是使教师自主治学和研究的有效保障。其二，以学生为本。这是相对于以教师为本而言的。以人为本的大学精神，是从学生和教师的发展角度来促进人的发展。

大学制度建设守护大学的本体品格是它的责任之所在。以学生为本，一切为着学生的成长，一切为着培养人才的质量，这是大学工作的核心。清华大学原校长梅贻琦先生早就在《就职演说》中指出："办学校，特别是办大学，应有两种目的：第一，是研究学术，第二，是造就人才。""是以吾人之图本校之发展，之图提高本校之学术地位也，亦以充实师资为第一义"。"一个大学之所以为大学，全在于有没有好教授"。"所谓大学者，非谓有大楼之谓也，有大师之谓也"。这些话道出了大学之所以为大学的理由，除了学术以外，就是人才培养，这也是现代大学制度建设应有之义。也就是说，现代大学制度是大学核心理念的保障。但是现在的大学制度中，并没有将人才培养放在应有的位置上，从而陷入人的自由发展的伦理困境之中。

现代大学制度的德性伦理缺失表现为现代大学的人的培养过分注重规范伦理对人的发展的教育。大学规范教育就是教育大学生去"做什么"和"怎么做"，通过外在的行为规范去塑造大学生的品德和修养，以是否符合公共规范作为主要的评价和参考依据。随着社会经济的发展，规范伦理从人的外在约束来培养大学生，去要求大学生应该做什么，忽略了大学生自我的成长，这种在我国占主导地位的教育模式阻碍了大学生德性的养成，阻碍了大学生价值观的形成，阻碍人的自由发展。

"德性伦理"关注的是"我应该成为一个什么样的人"。有德性的人就拥有优秀的品质，没有优秀的品质就无法践行德性行为。当前的大学制度建设中，大学教育采取的更多的还是灌输式教育，即所谓的应试教育。教学方式是传统的为了考试而进行的教育模式，学生缺乏自主性导致的，不管你需不需要学，这些你都得学；不管你学得好不好，你分数过了就行。这种教育下，虽然大学生学到了相关知识，而且还学到了大量的知识，可是却缺乏了对知识的崇拜。德性是人的自我实现，是人内在利益的体现，是一种选择性的品质。所以"我应该成为一个什么样的人"是具有选择性的。目前，我们在这种大学制度下，大学生能得到满足的需要就很少，很少的选择就难以实现内在的需要，所以大学生的自主发展就很少有创新，最后他们也就只是在做"我们应该做的"。

根据大学培养德性的人的要求，必须正视大学制度对人的自由发展的意义。卢梭说过："人是最高贵的存在物，根本不能作为别人的工具。"康德认为，"人是目的"。他说："你的行动，要把你自己人身中的人性，和其他人身中的人性，在任何时候都同样看作是目的，永远不能只看作是手段。"[①] "不论是谁在任何时候都不应把自己和他人仅仅当作工具，而应该永远看作自身就是目的。"[②] 这些论断告诉我们，现代大学制度是为培养有德性的人提供保障的。如果承诺"人是目的"，现代大学制度建设显然应扩展每一个人实现其自我发展的能力培养有德性的人。

在对学生相关访谈中，大学生对大学制度建设表示了担忧：人文道德建设较晚，应该从娃娃抓起，而不是到大学才开始重视。大学和高中不一样，存在一定差距：感觉现在的大学与高中差不多（尤其是上课方式，理论多、实验少），学校设备缺乏，资源不足，学校综合环境差（宿舍漏雨、食堂饭菜差、图书馆在建、图书资源

---

① ［德］康德：《道德形而上学原理》，苗力田译，上海人民出版社 2005 年版，第 45—53 页。

② 同上。

少、交通不便）；学习氛围不如理想中的大学。大学应该是思想自由的场所，而现在的大学很多都禁锢了学生们的思想，尤其是地方性高校管得太多、太严。建设理想中的大学，应该从领导的理念出发，从管理者到学生都应该是思想开放的；大学应该回归到自由、民主、自治，这是大学的根本精神。

这些观点让我们认真反思我们的现代大学制度建设中德性伦理的缺失。我们应该正视我们的不足，在现代大学制度建设中加强德性伦理的建设，培养有教养的人，彰显大学的学术性。

现代大学制度伦理困境研究的实践意义大于理论意义。探究现代大学制度伦理困境是为了更好地建构完善现代大学制度伦理。因此，我们必须正视现代大学制度中存在的伦理困境，探寻产生的原因，为建构现代大学制度提出方案。

第五章 西方现代大学制度伦理建设的经验与启示

> 大学的改革对现代政治经济学的出现和以它为基础的政体的建立起了重要的作用，即"研究院和大学是自由民主制度核心、基础、储存库（向社会提供原则使其生机勃勃）和源泉（向社会提供知识和教育使政治制度的机器转动）"。"崇尚平等、自由的政体是理性的政体；自由大学只能生存在自由和民主政体之中，自由民主政体也只能生存在有自由大学的土地上。"
>
> ——亚当·斯密《国富论》

现代大学肇始于18世纪后期，以19世纪初期创建的柏林大学为现代大学的典范，在整个19世纪，乃至20世纪的很长一段时间，都是世界各国大学变革的楷模。哲学家、柏林大学首任校长费希特曾经说："教育首先必须培养人的自我决定能力，而不是要培养人们去适应传统的世界。教育不是首先着眼于实用性的，不是首先要去传授知识和技能的，而是要去'唤醒'学生的力量，培养他们的自我性、主动性、抽象的归纳力和理解力，以便使他们能在还无法预料的未来局势中自我做出有意义的选择。教育是全民族的事，要教育的是整个民族！"① 也正因为19世纪的德国大学准确地把握了新时代的脉搏，实践了这种教育理想，所以，德国大学能够开风气

---

① ［德］约翰·戈特利布·费希特：《对德意志民族的演讲》，梁志学等译，载《费希特著作选集》（第五卷），商务印书馆2006年版。

之先，创立了人类社会发展史上第一种现代大学模式，也是经典的现代大学模式，奠定了以"学术自由、大学自治"为核心理念的现代大学制度伦理。

后来法国、英国、俄国、美国、日本等国家根据本国实际和需要，对现代大学制度伦理进行了"再创造"，表现出鲜明的本国特色，形成了当今世界不同国家的大学制度呈现出各不相同的发展势态，比如，英国在传承古典的大学制度理性和自治；美国坚持创新，根据大学与社会的关系，凸显现代大学制度的民主、自由、法治和理性。这种差异归根结底源于大学制度发展中结合本国实际坚持的制度伦理内容的差异。那么，这些发达国家的现代大学制度伦理发展有自身的规律吗？他们成功的大学制度伦理建设对我国现代大学制度伦理建设有哪些启示呢？

第一节　德国的现代大学制度伦理

1810 年，洪堡以"学术自由、大学自治、教授治学、教学与科研相统一"为理念创建了柏林大学，开创了现代大学制度的先河，为世界高等教育制度做出了重要贡献。德国被认为是现代大学制度起源地。德国的高等教育领先世界，高等教育快速发展，为国家的社会经济发展提供了支持。在 19 世纪后期德国成为世界科教中心。"学术自由和大学自治成为现代大学制度伦理价值的核心。进入 21 世纪，世界高等教育发展出现了新的变化，美国成为世界科教中心。在此背景下，为发展高等教育，从 20 世纪 60 年代开始，德国政府致力于大学制度伦理建设，以保障学术自治的地位。在学术自由和大学自治方面，德国大学拥有处理其内部事务的权力，是大学办学自主权的关键所在，也是现代大学制度伦理建设的核心问题之一。20 世纪 70 年代中期后，德国的大学改革开始关注加强大学适应社会的能力，提升大学的责任意识与组织意识。长久以来，德国政府主导着大学的发展与改革，发挥着管理与调控的职能。在大学制度法治方面做了大量工作，1976 年，德国政府颁布《高等学校总纲法》，德国的大学制度建设开始向现代化迈进。1985 年，德国政府对这些基本法律进行了修订与补充，使其具有更多的现代化特征。现代大学制度伦理建设，一方面，增强了大学的办学活力，使得德国大学与现代社会的联系更加紧密；另一方面，促使联邦政府以《高等学校总纲法》为核心加强对大学的宏观调控。具体来说，德国的现代大学制度伦理建设包括以下几个方面。

一　加强大学制度法律建设

法治是现代大学制度伦理的重要内容，加强法律建设是现代大学制度伦理建设题中应有之义。德国的现代大学制度法治改革的主要举措是加强立法建设，1976 年政府出台了《高等学校总纲法》。在这部法律中，分别从经费、政府对大学的管理权限、大学的民主管理和大学组织管理等几方面进行了规定。

第一，大学拥有自主使用与分配经费的权力。根据《高等学校总纲法》，政府向大学进行"总体预算"拨款，即先统筹政府按照部门与项目分配给大学财政经费，然后按照大学运行与发展所需经费的总额，"一揽子"划拨给大学。因而，在政府的类别预算中，不再限制大学的经费，大学能够按照自身的实际需要及意愿使用，不再受年度与类别的约束。政府还支持大学向社会各界筹集办学资金，并且不再严格限制与审查大学从社会上争取到的资金。

第二，增强与巩固校长的管理权限，政府不再对大学进行双重管理。根据《高等学校总纲法》，大学管理在学术及法律上的领导人是大学校长，其任职期限由原来的两年增加为四年至八年。校长评选的主要标准是具有管理学术部门的经验、具备较强的领导能力，担任的人选不一定有教授职称。改革后，政府任命的大学监督管理人员，向校长负责，而不是直接向政府负责。

第三，大学治理形式由教授治校转变为群体共治，促进大学的决策的民主化，强化大学的决策责任。《高等学校总纲法》提出，大学承担过去由政府履行的部分职权，不断提高自身的决策能力，吸收各种利益相关者参加人才培养、学术研究和行政管理的决策。

在这种情况下，由以教授为代表的学术人员、行政管理者、大学生组成新的大学评议会，改变了以往教授的单一构成，并且根据比例分别在不同利益相关者中推选代表。

第四，加强组织的管理权限与职责，优化组织结构。根据《高等学校总纲法》规定，大学采用院系管理制度。将大学学部组建为不同的系，系成为大学的主要组成结构，接手了大量原先由讲座教授承担的任务。而研究所的日常工作开始由数名教授共同管理，取代仅由一位教授领导的制度。加强大学管理的核心内容是建立并加强系的管理功能，加强系的管理工作，能够提高大学管理的水平，使系成为承接大学与教授的重要环节。

二　大学治理理性凸显：改革政府对大学的调控与管理模式

德国联邦政府不直接管理大学，而是由地方政府负责。在这种背景之下，进行了如下方面的改革。

第一，在法律层面规范联邦政府和大学的行为。依据新宪法中关于大学的条款，联邦政府在 20 世纪 70 年代颁布了一批法律法规，对大学制度建设的方方面面加以规范。这些法律法规使大学摆脱了州政府的控制。

第二，增加联邦政府对大学经费支持，同时减少大学对州政府的依赖。德国政府从 20 世纪 70 年代开始，持续增加对大学的财政投入，几乎达到了大学总经费的一半。这些资金绝大部分是直接投入大学，并未通过州政府的管理，这使得联邦政府和大学之间有了更加紧密的联系。联邦政府在为大学提供经费的同时，大学也要遵从其在高等教育方面的意愿与诉求。由于大学的经费不由州政府来提供，也就相应地减少了对州政府的依赖性。这两项制度相互关联，导致州政府对大学的管理力度弱化。

第三，建立与完善国家科学审议会。作为德国政府的主要咨询机构之一，国家科学审议会成为州政府和大学的缓冲器。政府官员、以教授为代表的学术人员是国家科学审议会主要构成人员，其中约四成为政府官员，约六成是以教授为代表的学术人员。政府官员包括联邦政府工作人员与各州代表，其中联邦政府工作人员超过了总人员的十分之一；以教授为代表的学术人员则由政府任命。①
《高等学校总纲法》给国家科学审议会赋予了较大权力，包括对全
国高等教育发展的宏观对策研究和咨询，对各州高等教育的评估
等。通过这一机构，联邦政府不仅加强了对全国高等教育发展问题
的宏观把握，更重要的是有效限制了州政府对大学的干预。一方
面，学者利益和联邦政府利益的成员在国家科学审议会中占了较大
比重，约72%，而州的成员只有28%，并且力量分散，每州只有一
人；另一方面，各州有关高等教育的重大政策需经过国家科学审议
会批准，州政府尽管直接领导大学，但实际上又不能随意干预大学
的工作。《高等学校总纲法》使国家科学审议会具有了较大的权力，
对德国大学的改革与发展进行宏观规划，对各州的大学进行评估、
提供咨询等。根据该项制度，德国政府加强了对全国大学发展的宏
观调控，约束了州政府对大学的干预。以教授为代表的学术人员与
联邦政府工作人员在国家科学审议会人员的比例远远超过各州的代
表数量。

第四，完善对大学的质量监督。根据以前的制度规范，虽然政
府严格控制大学事务，但基本属于管理学领域中的事前控制。政府
在进行审批之后，并不关注其发展过程与结果。在这种制度环境之
中，大学的质量实际上由学者个体负责。对于上述问题，为了监督
大学的运行，德国政府推出了《培养能力审核条例》，为大学的教
学活动制定了一些严格的规章制度，通过固定的教学模式来控制大
学教师的教学，这在德国教育史上是史无前例的。

三　加强大学制度民主建设：深化大学和社会之间的联系

在现代大学制度民主建设过程中，加强民主管理，通过引入第
三方机构进行评估，深化大学与社会的联系，提高大学的系统功
能，全方位发挥大学的职能，使大学走向社会的中心。

第一，基于社会需求整合有关大学机构。针对某些在大学发展
过程中出现的具体问题，部分州政府建议合并州内的大学，设立综

---

① 马陆亭、李晓红等：《德国高等教育的制度特点》，《教育研究》2002年第10期。

合大学。通过这种举措使大学的联系更加密切。另外，德国"双元制"制度获得了很大成功，为其教育的重要特色。联邦政府提出大学将引进这一模式，大学与企业合作办学，以巩固大学的社会服务职能。

第二，支持大学和社会机构的联系。新的改革方案要求监督大学活动及参与政府管理的组织大量吸纳社会各界人士，在由政府创办的大学评估与咨询组织里，广泛吸收来自社会的利益相关者。同时，政府利用诸如德国研究网络、计算机委员会、图书馆小组委员会等社会团体的力量，参与对大学的宏观规划、财政拨款等重大事务。通过多渠道的社会联系，大学更加了解社会的变化与需求，并以此进行合理的决策与有效的管理。通过大学与社会的互动，由过去的"社会—政府—大学"模式转变为现在的"政府—社会—大学"的模式，使大学走向社会的中心。

第三，发挥第三方经费的作用。政府直接分配给大学的科研经费、科研组织资助大学的经费、民间机构捐赠大学的研究经费，这三个方面构成了德国的大学主要科研经费来源，被称为第三方经费。在历史上，德国的大学对第三方经费不太重视，因而在这方面没有获得充分的资金支持。为了增加大学的科研经费，尤其是大学获取第三方经费，使其成为大学科研经费的重要组成，并且加以规范，学术人员在获得该项经费资助时，应相应地进行符合其基本宗旨的研究工作，使研究能够有一定的应用性，最终转化为社会成果。

第四，改进社会评估制度。长久以来，德国的大学一直都对自身进行评估。政府与社会的评价职能缺失。大学的活动和社会不产生直接关联，因此对社会的变化并不敏感，甚至无动于衷。事实上这一情况使大学严重脱离与社会的关系。因此，新的法案鼓励社会给予大学的评价。大学评估的多元化，解构了固有的大学自我评估模式，使得大学开始走向社会的中心。①

① Kloss, G., *The Growth of Federal Power in the West Germam University*, Minerva, 1971, p. 4.

在现代大学制度伦理建设的过程中，德国政府遵循着"学术自由、大学自治"的优秀传统，在现代大学制度法治、制度理性和民主管理等方面进行改革，取得了显著的成效。例如，大学评议会中教授要占 50% 以上，教授群体还能根据自己的判断对决策进行否决。经过不断的发展与完善，德国的大学制度建设得到了很大的进步。在《对结构、权力和高等教育政策对院校控制和管理的思考》中，德维尔特对这个方面进行了详细阐述。在这种背景之下，德国强化了院校、系的管理，削弱了个人的控制力；中介组织取代了市场的外部控制，成为大学和其他学术机构的外部观众。政府权力被大学的诸多利益相关者与中介组织所限制与约束。院校、系部的决策权力调节着大学内部的权力结构。在评估与审查大学质量方面，中介组织在某种程度上取代了部分市场的功能。[①] 在这种制度环境中，德国建设大学制度的理想是：大学成为能够自我决策与有效运行的独立组织，保障科研人员的学术自由、拥有高度的办学自主权；自主权力，为年轻学者的成长提供良好的环境，教授不再垄断学术权力，而是其被更多的学术人员分享；大学质量的评估以社会评价为主，吸收大学利益相关者的参与；积极发展中介组织，政府并不直接干涉大学事务。大学与社会通过中介组织达到有效互动。

第二节　英国的现代大学制度的制度伦理

英国是近代大学的起源地之一，大学具有非常稳定的结构和非常深厚的大学精神与文化，传统的、古典的大学受传统文化影响，现代化的过程相对缓慢，大学在与社会和环境的互动中进行现代大学制度的伦理建设。由于在传统上政府不能直接干涉英国大学的

---

① 张剑波：《对民办高校构建现代大学制度的思考》，《北京城市学院学报》2007 年第 1 期。

制度建设，大学具有较大的自治权，英国现代大学制度伦理的发展不局限于政府的调控与监督，而是围绕政府和大学两个方面而展开。

一 大学制度理性：协调大学和政府、市场、社会的关系

英国政府不断进行改革，通过市场竞争机制来影响大学发展的方向。第二次世界大战之后，英国的大学进行了两次重大改革：20世纪60年代颁布的《关于多科技术学院和其他学院的发展计划》与《罗宾斯高等教育报告》；20世纪80年代末颁布的《1988年教育改革法》与《高等教育新框架》白皮书。尽管从表面上来看，这两次变革发生在不同的时代背景之下，第一次改革反映了第二次世界大战后英国大学的发展历程，第二次改革体现了英国高等教育的未来发展方向。实际上，第一次改革为第二次改革奠定了坚实的基础，这两次改革之间有着密切的内在关联。[①] 本书在分析英国大学制度建设时，将两者有机地统一起来。首先，英国对大学的拨款制度进行改革，以鼓励大学之间的良性竞争。英国的高等教育向来有高度自治的传统，政府不直接插手高等教育，政府通过成立高等教育拨款委员会这一中介组织机构来对英国高等教育施加影响。英国高等教育拨款委员会属于半官方公共组织机构。目前，英国共设有四个相对独立的高等教育拨款委员会，即英格兰高等教育拨款委员会（HEFCE）、苏格兰高等教育拨款委员会（SHEFC）、威尔士高等教育拨款委员会（HEFCW）和北爱尔兰就业与学习部，这些拨款委员会在政府和大学之间起重要的桥梁作用。下面，我们以英格兰高等教育拨款委员会为例，讨论高等教育拨款委员会及其在高等教育外部质量保障中的作用与标准。英格兰高等教育拨款委员会直接对议会负责，不受大学与职能部门的直接领导与控制，其主要职责是：分配高等学校的教育经费、监控高校财务和管理状况、为教育政策的完善与执行提供咨询和支持。在高等教育外部质量保障方

---

① Bathara Bagilhole, "Too Little Too Late? An Assessment of National Initiatives for Women Academics in the British University System", *Higher Education in Europe*, No. 7, 2000.

面，英格兰高等教育拨款委员会的职责主要包括两个方面：第一，委托高等教育质量保障署对英国所有接受委员会拨款的高校进行整体性的质量评估和保障，并对高等教育质量保障署的工作进行监督与指导；① 英国进行基金委员会的改革，主要目的在于：增加大学活动的质量效益；提高经费使用效率；合理使用公共服务设施；倡导创业的精神理念。根据这些原则，削减大学的总经费，激励大学发挥为社会服务的职能，开拓大学多元化的经费来源；新的基金委员会对大学实施分类拨款，放弃了原有的大学经费包干方案；在投资方面，英国政府不再严格地控制与管理，而是通过竞标、订立合同等方式，作为投资者向大学拨款，对经费的使用有一定的绩效要求。拨款改革使传统的大学开始相互竞争，走向市场，走向社会的中心，学术在与社会需要相结合的过程中不断得以发展。第二，联合其他三个高等教育拨款委员会对全英所有接受拨款的高等教育机构的科学研究质量进行评估，即英国科研评估考核（RAE）。20 世纪 80 年代以来，通过大学为社会提供的各式各样的服务，社会经费来源在英国大学办学总经费中平均达到 13.2%，而科研委员会与社会资助则占据了大学科研经费的 50% 以上。随着时间的推移，这些经费更倾向于产生较好的绩效，而不是学术研究自身的目的。这表明英国的大学和社会已经构建了实质性的联系，而不是过去简单的程序性联系。另外，重新构建大学系统，和传统大学相互竞争，形成多元市场主体。英国大学制度建设的关键问题在于：使稳定的大学系统面对时代变革与社会需求做出相应的调整与改变，构建良性的竞争关系。

英国政府首先构建与传统大学有所差异的大学制度，以有效解决该问题。第一，政府通过鼓励竞争，形成不同的市场主体，使传统大学产生改革的动机。第二，政府要改变传统大学在高等教育领域的垄断地位，建立一种有效传达政府意愿、同时符合社会发展的

① HEFCE. HEFCE Strategic Plan 2006 - 2011. Higher Education Funding Council for England, 2005. 10.

大学制度，以不断适应新的形势。20世纪60年代，英国政府推行了一系列措施，将规模较小的高级技术学院升格为高等学校等，设立三十余所多科技术学院，重组与合并结构单一的专门学院。这些学院以职业性教育为重点，注重实际应用，办学经费来源于中央与地方政府，并在其指导下开展学术活动。20世纪80年代末，这些学院均升级为大学，其地位等同于传统大学。英国大学拨款委员会改名为大学基金委员会，而多科技术学院基金委员会的工作是向多科性大学拨款。两者都隶属于英国教育部，地位相同。到了20世纪90年代后，英国政府合并了两个基金委员会，两者之间不再存在明显的界限。多科技术学院设立之后，其数量与质量迅速发展。20世纪80年代末，多科技术学院在规模与地位上赶上了其他的高等教育机构。这种发展与变化打破了传统大学在高等教育领域的垄断局面，构建了平等的市场竞争主体。第三，建设与发展中介组织。该实践减弱了市场竞争机制对大学发展的负面效应，保障了政府对大学的公正管理。由于有政府不直接干预大学事务的传统，英国政府大力加强中介组织的建设，以间接强化政府对大学的宏观调控。上述两个基金委员会在政府领导下进行前期控制。为了使政府决策更加公平合理，这些基金委员会的成员包括政府人士、专家学者与社会各界人员。高等教育质量委员会则负责后期评估，该委员会是非政府机构，为高等教育机构集体拥有。依据大学统一的质量标准，根据拨款合同的规定，英国高等教育质量委员会对大学进行评估与审计。次年的拨款即以评估报告为依据，来制定分配方案与细节。

二　现代大学制度效率：大学的内部治理改革

在英国政府积极建设现代大学制度的过程中，大学随着时代的发展不断进行着自身的调整。英国大学的发展与改革包含了如下内容。

首先，通过强化大学的管理，使之适应市场经济的需要，促进了大学之间合理的关系。在办学过程中，英国的大学非常关注自身的办学定位。只有准确定位才能发挥自身优势，以获得更多渠道的经费支持。通过这些措施，英国的大学制度建设开始走向有序化与多样化。几所大学正在尝试成为精英科研和研究生教育中心，留下的其他院校成为面向传统中学毕业生的大众化的教学型院校，而另一些院校则集中在城市中的成年人和非传统的学生中。①

其次，协调行政权力和学术权力。在行政权力和学术权力的矛盾之中，大学提出了保障其学术自治权的诉求。剑桥大学原副校长巴特菲尔德曾指出："我们必须经常保持警觉，以保证大学与工商业之间的联系，不致损害我们的学术水平，或者导致我们不去认真研究问题。大学必须培养学术自由，这是大学实力的源泉，并为他们的学术思想创造应有的机会。"② 英国的大学持续巩固与强化学术机构的权力，赋予系部更多的自主权，使其成为大学学术任务的主体，并通过大学评议会的工作加以制度化。

最后，确立大学的经营理念。随着英国政府颁布一系列鼓励竞争的政策，大学的运行与管理中引入了企业经营管理机制。大学实行竞争机制，必然要树立经营理念。英国的大学在进行经费预算、确定发展战略、制定提高效益方案方面，借鉴了企业的经营管理方式。1985 年，英国校长和副校长委员会颁布了《贾特勒报告》，深刻反映出这一思想理念，指出政府改革旨在平衡大学系部的权力结构与经营管理的结构，包括以下内容：组建内阁式政府机构，有效发挥管理职能；吸引更多的高层次人才，使其充分发挥特长，大学教师将自己视为管理决策人员。通过深入的变革，英国逐渐走向现代大学制度，构建了基本的体系：通过市场调节和竞争机制，政府强化对大学的宏观调控；坚持大学自治和学术自由的大学基本价值，通过贯彻经营理念，使大学走向社会的中心；大学确定符合自身特色的定位，按照教育规律进行改革与发展；发展中介组织，保障大学之间的公平竞争，提高大学的质量。

---

① 范富格特：《国际高等教育政策比较研究》，浙江教育出版社 2003 年版。

② Ellgel，Arthur，The University System in Modern England：Historiography of the 1970
(5)．

第三节　美国的现代大学制度的制度伦理

进入 20 世纪以来，美国大学成为世界高等教育发展中心，尤其提出了大学的第三大职能——社会服务职能，高等教育取得长足进步，引领世界高等教育发展的潮流。美国大学的发展可以概括为如下几点：自治、竞争以及对社会需要迅速反应的能力。表现在现代大学制度伦理上就是民主、自由、理性、效率、公正和法治等理念，可以说，制度伦理内容既是美国大学制度伦理的主要内容也是高等教育发展的重要支撑和保障。它全面而准确地展现出美国大学制度伦理的基本特点。

一　广泛、牢固、稳定的大学自治权

首先，大学自治权具有广泛性。在《学术权力》中，范德格拉夫认为大学自治核心内容包括六个方面：预算和财政、研究的决策模式、招生和入学机会、规划和决策、高级和初级教师的聘任、课程和考试。[①] 对应这些内容，无疑美国大学所拥有的学术权力较欧洲大学更为全面。在《中美大学学术管理》一书中，别敦荣总结了美国的大学自治权。[②] 涉及了学术权力的方方面面。

其次，大学自治权有牢固的根基。这涵盖两个方面：一是大学积极适应社会，与社会进行互动所要求的自治权；二是大学学术自由所要求诉求的自治权。在市场经济发展的过程中，美国的大学制度不断走向完善。美国的大学自主权形成了鲜明的独特性。美国的大学不仅拥有类似于欧洲大学自治的历史传统，还具有欧洲大学缺乏的现代社会的自主权，体现了现代大学发展的特征。

最后，大学自治权有相当的稳定性。在各方力量的相互制衡之

---

① 约翰·范德格拉夫：《学术权力——七国高等教育管理体制比较》，浙江教育出版社 2001 年版。

② 别敦荣：《中美大学学术管理》，华中理工大学出版社 2000 年版。

下，造就了美国大学广泛、牢固、稳定的自治权。这些力量的制衡涵盖了如下内容：①美国联邦和各州之间的权力制衡。根据美国的宪法规定，各州政府对各自地域的大学管理负责，联邦政府进行宏观监督与调控。在这种相互制衡的权力关系之下，联邦政府往往制约着各州对大学的控制。在1819年的"达特茅斯学院案"中，美国联邦最高法院否决了州议会的决定。随后，在多次各州限制大学自治权的法案中，联邦政府都提出了否决。与此同时，各州反过来制约着联邦政府限制大学自治权的决策。②美国州政府和州议会的权力制衡。州议会决定大学董事会的构成、内部管理以及经费预算，州政府则负责将其贯彻落实。政府和议会在共同管理大学的实践中，构建了相互制约的权力结构模式。③州议会和大学董事会的权力制衡。美国大学与我国的情况不同，法人代表是董事会。在大学和外部的联系中，董事会发挥着积极的作用。州议会负责任命公立大学的董事会。然而，州议会与董事会在组成制度方面有明显的差异，而两者在组织原则与程序方面也有所不同，使大学董事会的成员与州议会的组成不可能达到一致，造成了这样一种情况，尽管董事会是州议会任命，但并不完全服从于州议会。对私立大学董事会而言，则完全脱离了州议会的监管，更明显地表达其自身的诉求。与此同时，州通过立法与预算对大学施加影响，二者间的权力相互制约。④美国大学学术委员会和董事会之间的权力制衡。在管理与决策方面，大学通过这两个组织履行其职责，并且相互制约。大学权力与政府权力、各社会组织所代表的集团利益之间的相互制衡，使得该制度体现出明显的优势，这些互相制约与监督组织能够有效地保障大学的运行。美国大学的利益相关者众多，有一些进行评估与监督，有一些对决策产生影响；有一些代表着教师群体，有一些代表着大学机构。这些利益相关者之间形成一种相互制约的关系，对大学运行与政府决策产生了一定的影响。以上美国大学几个层面的权力制衡，使大学自治权在平衡的关系结构中有效体现，这种制衡结构也使大学的自治权保持了长久的稳定性。

二 完善的适应市场经济的大学制度

伯顿·克拉克指出，美国的大学之间构建了一种适应市场经济的相互竞争的关系。市场竞争主体之间的活动有两个特点：制度化、规范化。美国社会有着自由市场经济的传统，而市场经济最核心的法则就是竞争，这一点也体现在美国的大学运行之中。无所不在的竞争关系使美国的大学形成了完善的竞争制度系统。① 这种制度系统涵盖了以下方面：第一，美国政府保护与调节的制度。美国的大学在适应市场经济方面，政府有效履行其保护与调节功能。①政府凭借财政手段来影响市场行为，使各大学之间的竞争保持健康有序。②落实大学应有的权利与义务，并通过立法来保障其合法性。③将了解大学发展的信息视为政府的基本工作之一，定期发布各种最新的统计资料与报告。通过信息获取，美国的大学与政府保持了平等的关系，在进行决策时有了可靠的依据。

第二，多元办学主体参与的制度。美国的大学由各州议会负责审批，并不限制社会各方力量来举办大学。通常只要举办方申请，都能够获得办学许可。美国大学的举办方包括政府、企业、社会机构、教会甚至个人，这种制度使大学的举办主体日益呈现出多样化的特征。

第三，办学权和举办权相分离的制度。在美国，无论私立大学或公立大学，其办学权和举办权都是互相分离的。举办方通过董事会贯彻落实其办学的目标、理念与方向，而不是亲自管理与参与到大学的学术活动之中。私立大学由董事会负责，董事会由多个机构、公司以及各方人士组成，形成了大学的多元投资主体。多元投资主体由董事会进行统一管理，投资方不直接参与大学的决策与运行，使大学获得了充分的办学自主权。公立大学也由董事会来管理，董事会并不从属于联邦政府，而是通过州议会来任命的。

第四，公平竞争的制度。美国的大学在寻求经费支持方面拥有

---

① Chaput, Catherine, Demoeracy, Capitalism, and the Ambivalence of Willa Cather. Frontier Rlletories: Uncertain Foundations of the U. S. Public University System. College English, 2004 (3).

平等的机会，都必须通过激烈的市场竞争才能最终获得。美国大学经费的来源主要包括财政拨款、社会科研资助、捐赠、学费等方面。美国大学的评估则由公共媒体和各种社会团体来进行，这些机构和大学之间并不存在隶属关系或者直接关联。有一部分评价组织是由政府协调举办的，也具有较大的独立性与客观性，使其能够对大学做出公正的评价。尤其是这些机构具备经营性的特征，倾向于获得社会公众的信任，而公平的评价正是获得公众信任的关键之处。为了可持续发展，中介组织都将大学评估结果的公正性放在首位。在吸引人才方面，美国的大学竭尽所能，提供优厚的学术科研、职业发展或生活条件来聚集更多的高层次人才。

三　灵活、系统的大学内部治理制度

美国大学的内部治理制度能够适应各种复杂的情况，具有系统性的特征。在分析美国大学管理制度时，包括如下方面：

首先，董事会制度发挥着双重作用。美国大学的法定法人代表是董事会。董事会全权负责大学事务，以其特殊的身份在大学运行过程中具备着双重作用：①通过各种利益相关者组成了大学董事会，使大学和社会密切联系，有效互动。这使得大学通过多元化的手段获得了发展经费，还关注各种利益相关者的诉求，并影响大学的管理决策。②当大学卷入政治、经济、社会浪潮之中时，董事会发挥一定的缓冲作用。董事会既具有相对的独立性，又与政府、社会发生关联。从以上描述可以发现，实际上董事会相当于大学的"外交部"，有效地处理大学的对外事务与活动。

其次，校长由董事会任命，向董事会负责，对大学事务进行管理与决策。与我国的情况不同，美国大学的校长不是由政府任命的，也并非通过全校选举而产生，而是由董事会来任命。董事会任命的校长不仅是学术人员的代表，还是大学管理者与执行者。从某种程度上而言，对校长管理工作的要求远超过对其学术的要求。由于董事会成员以兼职居多，并不直接涉及大学事务的方方面面。实际上美国大学的校长对学校事务具有相当大的控制权与影响力。在《大学的功用》中，克尔这样评价美国大学的校长："在美国，人们

期望大学校长成为学生的朋友，教员的同事，校友会的可靠伙伴，站在董事们一边的明智的稳健的管理者，能干的公众演说家，同基金会和联邦机构打交道的精明的谈判人，同州议会交往的政治家，工业及农业界的朋友，同捐款人进行交涉并富有雄辩才能的外交家，教育的优胜者，各专门行业（尤其是法律和医学）的支持者，新闻发言人，地产交易的学者，州和议会的公仆，歌舞和足球爱好者……"① 这既反映了美国大学制度的特殊性，也体现出美国大学校长的重要性。

最后，大学内部实施民主化的管理。美国的许多大学建立了学术委员会、教授委员会以及各种其他的专门委员会，这些委员会对各种大学事务进行监督与决策。由于大学内部人员广泛参与，学术人员在这些委员会的工作中发挥着重要作用，积极参与到大学的管理之中。美国大学的中层管理权力较大。中层指的是大学的系部管理机构。在美国，大学中层力量较为强大，大学的一切学术事务都通过系部，最后在基层得以落实。中层管理者由大学来任命，向大学负责，履行其职责，并不是某种特定利益的化身。美国大学的中层力量承担起大学系部发展的重任，并将大学最高管理层与基层紧密联系在一起。这使得美国大学能够有效运行，灵活地适应社会需求，并且根据社会发展变化及时调整其决策。不论在高等教育理论或是实践领域，中层管理的自主权都成为美国大学制度建设的主要特征之一。

第四节　西方现代大学制度的制度伦理建设中的典型案例分析

在西方现代大学制度伦理建设中，一些大学按照大学制度伦理价值对大学进行了改革，或者创新了大学制度，一些改革取得了突

① 克拉克·克尔：《大学的功用》，陈学飞译，江西教育出版社 1993 年版。

出的成效，个别大学制度改革因为没有按照大学制度核心价值进行引领而以失败告终，但是不管是成功的典范还是失败的案例都为世界大学制度伦理建设提供了有益的经验和借鉴。

一　牛津大学治理改革案例

牛津大学是一所不仅对英国而且对世界和人类历史都产生了重大影响的世界一流大学。"作为世界上最古老的大学，牛津是一个独特而有悠久历史的大学。她的确切创办日期至今难以确定，有学者认为，早在1096年到1167年间，牛津就已经成为一个培养牧师、研究学问的中心。"800多年来，在泰晤士河畔，这所大学培养了数以万计的政治家、思想家、科学家、文学家、诗人、企业家和银行家，其中，包括47位诺贝尔奖得主，6位国王，26位英国首相，86位大主教和18位枢机主教，亚当·斯密、霍金、乔叟、托尔金等文化科学巨人的影响力更是笑傲天下。浏览牛津大学各大图书馆和博物馆的馆藏，如同进行一场最完整的文化史巡礼；漫步牛津大学的校园，可以充分体验英国人文精神在建筑话语中的具体呈现；观察牛津大学学子的传统逸趣与严谨治学态度，能感受"大学之所以为大"的深刻内涵；凝视牛津大学名人的生平剪影，可以追寻前人在世界文明史上留下的巨大烙印。

牛津大学始于1167年，是一所不仅对英国而且对世界和人类历史和文明都产生了重大影响的世界一流大学。在长期的发展中，牛津大学形成了大学自治、学者治校的传统。因此，牛津大学对外部社会的变革及要求反应滞后，对外界的干预是极其反感和抵制的。正如泰德·塔玻（Ted Tapper）等学者指出："牛桥信念体系中最持久、最有影响力的信念是大学是自我管理的学者社团。"因此，在20世纪60年代之前，牛津大学一直保持传统的以学院制治理为主导的模式。最近的治理改革始于1964年大学成立的弗兰克斯（Franks）委员会提出的对大学在保持大学自治基础上确保大学管理高效率运行的改革建议。在过去的40多年里，牛津大学进行了几次治理改革，治理改革变迁可以划分为三个阶段。

1. 1966 年的弗兰克斯改革方案（The Franks Report）

1964 年，牛津大学成立了弗兰克斯（Franks）委员会，根据英国政府的《罗宾斯报告》对大学进行一次综合性评估，并对大学的治理改革提出建议。1966 年，牛津大学颁发并实施《弗兰克斯改革方案》（The Franks Report），改革方案加强了大学在治理中的作用，提出以牛津大学议会全面取代传统的大学校友顾问会，大学议会享有制定、修改和取消法规的权力，加强和巩固牛津大学议会（Congregation）权力和地位，同时创建了"学院理事会"（Council of Colleges）制度，而实际上运行的是一种咨询性质的"学院联合会"（Conference of Colleges）治理模式，保障了牛津大学自治、学者治校的传统。

2. 2000 年的诺斯改革方案（The North Report）

随着社会经济和高等教育的发展，世界大学的竞争加剧，牛津大学面临着新的挑战，其治理改革再次成为大学发展的中心议题。1997 年，在副校长彼得·诺斯（Peter North）的领导下，牛津大学调查委员会（Commission of Inquiry）对大学的本质、精神、治理等进行了全面而深入的调查，提交的调查报告中建议引入改革机制。1997 年，牛津大学发布了《诺斯改革方案》（The North Report），决定在 2000 年正式实施。在《诺斯改革方案》中，牛津大学对其办学宗旨和治理模式等进行了全面的自我评估并提出了系统的改革方案。诺斯改革方案中涉及大学治理改革的主要措施有如下几个：第一，将大学治理中的两个重要治理委员会即赫布多马达尔理事会和教授总会（General Board of the Faculties）合并成为一个理事会——大学理事会（Council），大学理事会接受大学议会的领导；第二，在大学理事会中设立校外理事，并成立规划与配置、教育政策标准、人事、总务四个专业委员会治理大学主要事务；第三，设立四大学部，将大学的院系及附属单位纳入其中，分学部治理内部学术事务和经费；第四，简化大学法规。这轮治理改革引入了清晰的问责体制和决策体制，加强了大学进行长远战略规划和资源分配的能力，并且加强了决策者与利益相关者的联系，但在有关加强大学与学院关系的问题上，诺斯改革未能完全地加以解决，为以后的大学治理改革留下了空间。

3. 2005—2006 年的胡德（John Hood）改革

为了缓解大学发展面临的政治和经济压力，加强大学的行政权力，提高大学的治理效率，牛津大学在胡德（John Hood）校长领导下，利用一年半时间对 2000 年以来"诺斯改革"治理改革成效进行了评估，提出深化治理的新一套改革方案。2005 年 3 月牛津大学发布了《牛津大学治理结构》绿皮书（以下简称《绿皮书》），指出大学治理存在的问题，提出大学治理的改革方案。但《绿皮书》一出台，很快便遭到了大学和学院的强烈反对，要求对其进行修订。2005 年 9 月，牛津大学发布《牛津大学治理修改稿》，但是大学和学院持反对意见者还是占绝大多数，要求进行第二次修订。

2006 年 5 月，牛津大学正式发布了《牛津大学治理修改稿》的修改稿——《牛津大学治理》（白皮书）（以下简称《白皮书》）。《白皮书》长达 70 页，在《绿皮书》的基础上，更加系统地论述了大学"治理"的理念。《白皮书》中提出的治理改革主要包括：第一，缩减大学理事会的规模和组成结构，将其成员由 28 人减至 15 人。其中校内理事与校外理事的比例为 7∶8。第二，实现大学总体行政事务与学术事务分立管理，加强大学的行政权力。第三，设立学术委员会（Academic Board），负责管理大学学术事务。《白皮书》发布以后，大学和学院的反应强烈，要求继续修改。此后，大学又两次修正了《白皮书》有关大学治理的改革方案。

因为大学和学院对《白皮书》及其修正案没有达成一致结果，牛津大学决定进行投票表决，在 2006 年 11 月 14 日到 12 月 18 日期间，牛津大学对《白皮书》的修正案进行三次反复投票表决，投票结果最终否定了胡德校长提出的《白皮书》及其修正案，宣告了此次大学治理改革的失败。

牛津大学一系列治理改革背景是由于 20 世纪 60 年代以来，面临社会经济的巨变和日益激烈的全球范围内的大学竞争带来的大学运行危机而进行了三次持续的大学治理改革，其实质就是现代大学制度伦理的建设，希望通过治理改革来保持其卓越的学术品质。大学治理改革触及利益广，涉及权力和权利的重大调整。大学治理改革实质上涉及大学核心制度的重建，这方面的改革是现代大学制度伦理建设中的重点与难点。

4. 牛津大学制度改革给我们的启示

牛津大学治理改革虽然失败了，但是给了我们启示：

第一，现代大学制度改革必须坚守"学术自由、大学自治"这一大学本质精神，这也是牛津大学恪守了800多年的立校之根本。大学特质是以高深学问为价值取向和信念，大学的发展必须遵循学术自由逻辑，大学制度伦理建设不能有损大学自治之根本。在牛津大学新的治理改革方案中，方案提出：一方面要减少大学理事会人数，将28位成员代表减少为15位成员代表；另一方面则要增加校外理事的比例，15位成员中，7位来自校内，8位来自校外；同时规定学术委员会的决定必须提交到校理事会且校理事会有权否决等措施，这在大学人看来，不可避免地会导致大学理事会对学术委员会的干涉，大学理事会拥有对大学进行控制的权力，使行政权力置于学术权力之上，从而对大学的学术发展带来伤害。据此，我们知道这一本质精神是指引现代大学制度价值伦理建构的核心理念。

第二，从现代大学制度效率来看，大学办学经费不足、财经短缺等资金"瓶颈"影响了大学对世界上优秀教师和学生的内在吸引力，制约大学"追求卓越"的学术目标的实现，"大学—学院"治理模式对学术事务的决策效率不高，造成了包括财务管理在内的治理效率低下，加剧了大学的财政危机，受到了来自政府对大学治理的批评。因此，必须对大学制度进行改革，加强现代大学制度效率提高。在改革方案中，提出在大学的理事会中增加校外理事和设立学术委员会等在内的大学治理改革的新方案。但新方案一发布即遭到抵制，因为在学者看来，新方案的措施将大学治理的决策权力交给了大学外部，这与大学的"学者治校"理念是相冲突的。由于大学在日益复杂的多重压力之下，传统的治理模式已经在应对当前的压力方面表现出其滞后性，影响了大学的发展。牛津大学进行治理改革是以提高治理效率，保持其卓越的学术地位为目的的，应该说改革是为了大学的更好发展。但是在学者来说，可以同意引入外部理事参与大学治理，但是不能接受外部理事占多数的方式。必须是围绕着大学自治、学者治校这一核心信仰来调节各方面的关系，维护大学自治的传统和精神，并在此基础上做出让步。同时，通过学习认识到大学制度改革过程不可能是一蹴而就的过程，应该是一个渐进的过程。于是，在大学学者与行政管理者进行妥协基础上认识到，大学自治和学者治校是大学的传统，学术主导是大学发展的内在逻辑，治理改革只有遵循学术主导的逻辑才能进一步推进。因此，从《绿皮书》到《白皮书》及其修正案，一共发布了四次修正方案，提出了显著减少学术理事会规模，由最初提出的校理事会成员全部由校外人士组成到修正后的由校内外人士共同组成等措施。据此，我们知道，现代大学制度效率的实现必须是在遵循制度民主和大学学术本质基础上相互融合的过程，也就是说，现代大学制度伦理建设是一个相互协调的系统工程。

二　沃里克大学现代大学制度的制度伦理建设案例

在英国，有这样一所学校。1965 年建校，用了 30 年左右的时间，从无到有，建设成为一所在英国排名前几位的大学，它就是沃里克大学，是英国政府在第二次世界大战之后为适应高等教育发展而建立起的"七姊妹大学"之一。沃里克大学以其特有的办学之道，一跃成为知名大学，不仅大大超过同期成立的"七姊妹大学"中的其他六所大学，而且直逼牛津、剑桥以及伦敦的几所著名大学，在 1996 年英国大学基金会（UK Universities Funding Council）对全英大学研究水平的评估中，位居第四，在具有权威性的《泰晤士报》"优秀大学指南"（The Times Good University Guide）[①] 1999 年的综合评比中，名列第七位[②]，在 2000 年英国高等教育质量控制

---

① 参见刘念才《我国大学离世界一流大学有多远》，《高等教育研究》2002 年第 3 期。

② http：//www. warwick. ac. uk about profile.

署（QAA – Quality Assurance for Higher Education）公布的全英国高等教育评估成绩中，该校得分与牛津大学并列第四。① 与此同时，沃里克大学以其优异的办学成就获得德国"贝尔特曼基金会"颁布的"欧洲最佳大学奖"。②

沃里克大学创始人，首任副校长巴特沃思（Jack Butterworth）在办学之初便将沃里克大学的理念确立为"既适应时代需要又是一项以学科为中心的事业"，③ 使得沃里克大学冲破英国大学界传统的反工商业的禁锢。在英国办学是比较困难的，英国的高等教育传统深厚，如牛津大学、剑桥大学办学成本极其高昂，它们实行学院制，分别有三十多个学院。学院是本科生住宿的地方，或者叫学生管理的学院，不承担教学和学科建设任务，为各个学科的学生提供宿舍，学生到学院注册、缴费，有专门管理和辅导人员，帮助学生学习；学院没有专业、没有专职教师，也不上课。学生到大学去听课。学院里设导师，实行导师制。这样培养的成本极高，学费很贵。沃里克大学决心要走一条与传统大学不同的发展之路，它们的基本理念就是建一所学科、学生、学院都集中在一起的集中化的大学，这个模式打破了英国传统的办学模式，取得了成功。短短40年的发展，沃里克大学已经成为受人欢迎的顶尖级大学之一，跻身于剑桥大学、牛津大学这些有悠久历史的名校行列中，并且学术研究与创收经营得到很好的兼顾。是什么思想与制度造就沃里克大学全面的辉煌呢？我们认为，最根本的是沃里克大学在现代大学制度建设上实行了创新，进行了现代大学制度伦理建设。

第一，进行现代大学制度伦理的价值理念创新。从办学理念和办学实践中可以看出，沃里克大学是将学术与创收经营结合起来，走一条与传统大学制度不同的新路，在办学模式上突破传统，创新现代大学制度，将学术自由与制度效率相融合，走出了一条具有自

① http://www.thesis.co.uk/999/PDN/OPEN/STATisTiscs。
② 张俊宗：《经营大学：沃里克大学的办学之道及其成功启示》，《黑龙江高教研究》2003年第2期。
③ 同上。

身特色的办学之路。

第二，坚持现代大学制度理性。在学科的设置上，特别重视应用性，办应用性学科。基础学科方面，牛津大学、剑桥大学的优势是无法超越的，但在 20 世纪五六十年代，应用性学科处于早期发展阶段，学校办应用性学科就同牛津大学、剑桥大学几乎在同等水平上展开竞争，这时候学校就有竞争力。所以，通过准确定位应用性学科方向和领域，推动了学校的快速发展。在发展道路上走与产业相结合的发展道路。学校创办了科技园和自己的产业公司，开展产学合作，学校的科技园可以同剑桥大学科技园相媲美，在英国的科技发展中有着重大的影响。

第三，建立灵活的办学体制，激发学院的办学活力。调动学院的办学积极性，用他们的话讲，就是激活心脏地带。学校的心脏地带在学院，怎么激活学院？它们采取的是单位预算包干的办法，把学校的资金一次性划拨给学院，同时把责任也落实到学院，各个学院拿到钱，就必须承担责任，如果想再上新的项目，学校已经没有资金，就要靠学院自己想办法筹资，自己去开拓。这样，学院就具有了很大的灵活性和自主性，也就具有了很大的创造性，充满活力。

第五节　西方现代大学制度的制度伦理建设的启示

当今世界各国的大学制度伦理建设为我们建设中国特色的现代大学制度提供借鉴与启示。他山之石可以攻玉，借鉴和学习德国、英国、美国大学的经验与模式，对推动我国现代大学制度伦理建设具有重大理论与现实意义。

一　学术自由：以学术自由作为大学制度的制度伦理的根基

大学自治与学术自由内在地体现为大学组织得以持续存在及其制度建构的根基。正如有学者所指出的那样："把这些传统大学地位之显赫全部归因于它们自治的传统固然有些牵强或失之偏颇，但我们透过历史的层层密障还是可以辨认出其中存在的某些关联。可以肯定地说，没有八百多年的近乎遗世独立的固执，就不可能有今天的牛津、剑桥；同样，如果没有1829年的'达特茅斯案'的裁定，也不可能有现在的达特茅斯学院，甚至是否存在'常春藤联盟'都很难说。曾经拥有数所著名中世纪传统大学的意大利在大学被全部纳入国家同一规划范围之后，又有哪一所大学能至今风采依然？在法国、德国，今日大学的情形也与意大利相仿。"大学毕竟有着本质上相通的东西，也就是大学制度的根基是一样的，即凡是坚持大学自治与学术自由这一根基的，大学就能成功，凡是破坏这一根基的大学无不受到历史的惩罚。德国19世纪初柏林大学的辉煌得益于自治与自由基础之上的大学制度，而又"由于在纳粹时期自主权的破坏和教授的大批流亡而遭到重创，从此永远地失去了它在科学上的卓越地位"。可见，大学制度建构如果忽视了大学制度建构的根基，那么建立现代大学制度只能是空谈，反过来说，建立现代大学制度的最终目的应该是为了促进大学自治与学术自由。

二 大学自治：大学进行自主办学

在我国大学的发展过程中，政府发挥着无可替代的重要作用，集各种权力于一身，在与大学的关系中是强势的一方。由于管理内容界限不清，内容不明，政府往往过多地介入大学的正常运行过程，集中了举办权、办学权与管理权，使大学逐渐丧失办学自主权。这方面可以学习美国和德国的经验。美国积极推动各方政治力量的相互制衡，同时大学作为独立法人积极地去适应市场，从而扩大了大学的办学自主权。德国不断增加联邦政府宏观调控，规定州政府不能干预大学的自主管理，增强大学的学术管理，使大学能够独立地自主办学。因此，政府和大学之间要重新界定权力关系，政府内部各部门之间也是如此。通过德、美、英三国的制度建设可以发现，使各方的利益达到平衡的状态，政府要正确认识权力与合理配置权力，坚持学术自由、以人为本的现代大学制度的价值理念，将原本应属于大学自身的权力让渡出来，还学术管理的权力于大学，才能够更有效率地进行宏观管理与调控。西方国家在强化大学自主办学的过程中，使学术自由与自主管理很好地结合起来，形成了一种和谐的关系。另外，在赋予大学组织更多的自我管理权力的同时，还应使以教授为代表的学者拥有更多学术自由与学术事务的决策权。英国在批准科研经费方面没有限制学者的自由选择，学者可以根据需要选择自己的研究方向与内容，并且申请与获得研究经费资助。德国一方面保障大学校长与其领导下的行政机构的合理权力，同时也尊重与重视以教授为代表的学者在大学学术事务的建议权与决策权。学术自由思想是大学自主办学的根基，作为一个由诸多学者构建的组织，大学拥有更多的办学自主权，能够保障教授的学术权力。在当前的时代背景下，无论大学的自主权如何发展与扩大，都丝毫不会动摇学术权力的根基。如果大学的自主办学实践限制了其自身的学术自由与学术追求，也就失去了意义。也就是说，大学扩大办学自主权和保障大学的学术自由权力相辅相成，相互影响，相互促进，是现代大学制度建设中必不可少的环节。

三　大学法治：在法律层面规范现代大学制度建设

美、英、德三国都通过完备的立法来保障现代大学制度的建设，构建大学内外部的和谐关系。尽管在历史上有着悠久的大学自治传统，西方的大学制度依然非常重视利用法律手段，对大学的行为进行法律层面上的赋权。美、英、德三国制定、颁布与实施了一系列的法律法规，体现出如下的共性：首先是为了避免法律条文缺失导致的大学无序发展，对现代大学制度建设中方方面面的问题，都通过具体的法律加以明确，以避免由于法律真空而造成的问题；其次是为了避免含混不清的权力制度规范导致的权力矛盾与冲突，合理划分与配置大学不同主体的权力行使范围与内容；最后为了避免因大学某一主体权力过大而导致权力垄断与独裁，通过系统制衡方法使各权力主体之间构建一种相互制约、相互影响的关系体系。在大学制度不断发展的历史过程中，尽管在理论上大学办学自主权问题为人们普遍接受与理解，并且贯彻到诸多的法律条文之中。然而在客观现实中，大学的办学自主权却难以维系稳定的状态，常常会发生一些变化。当政府赋予大学办学自主权后，可以根据其需要随时削弱甚至收回该项权力。对大学进行自主办学而言，在加强法律规范建设的同时，还要建立一种长效机制，对其进行切实的保障。不稳定的大学办学自主权力并无意义。在现代大学制度的建设过程中，以美、英、德为代表的西方国家坚持系统规范、内容明晰、权力制衡的原则，保障了大学自主办学的稳定性，对我国的大学发展有很大的启发。

四　制度伦理主体：协调大学办学的利益相关者

美、英、德三国发达的市场经济，成为宏观层面现代大学制度建设的重要制度环境。大学的发展要积极适应市场化的氛围，构建与市场之间的良好关系，是建立现代大学制度的核心内容之一。各种不同利益主体之间的关系形成了市场，市场的第一要素就是多元化的主体。主体的多元化造就了发达的市场。美国高等教育学家克拉克曾提出院校市场的概念。市场化不仅存在于大学与外界各利益相关者之间，还存在于大学内部。大学不同的办学主体之间的关系同样形成了市场关系。自中世纪以来，大学的办学主体是单一的，只有作为社会重要学术组织的大学与一些具有大学特征的学术机构。随着时代的发展，大学的类型日益丰富而多样。由于大学根深蒂固的传统因素影响，单一的大学模式依然难以改变。范德格拉夫在《学术权力》中以英国为例指出，剑桥大学、牛津大学的悠久历史传统在很大程度上决定了英国的大学理想与管理实践，而这与大学适应市场化是格格不入的。[①] 根据这种情况，美、英、德三国在建设现代大学制度的过程中，都将大学办学主体的多元化构成视为一项重要的课题。美国通过制度建设规范大学办学主体的多元化，如制定大学的市场准入规则。美国的私立大学在高等教育中占据了很大的比例，在现代大学制度建设过程中也获得了政府的财政支持。私立大学和公立大学之间日益走向融合。英国政府构建了高等

---

① 约翰·范德格拉夫：《学术权力——七国高等教育管理体制比较》，浙江教育出版社 2001 年版。

职业教育系统，和传统大学之间相互制衡，形成了一个完整系统的教育体系。德国通过实行"双元制"教育政策，大力发展职业教育，提升高等专科学校的质量，使得高等教育领域出现了多元化办学主体并存的格局。

五　制度善治：现代大学制度的制度伦理的目标

在高度发达的市场经济社会，美、英、德三国不仅通过制度建设使大学自身更加适应市场化的环境，也非常注重改革与完善政府的管理方式；不仅转变了政府的管理观念，而且使其更具可操作性，搭建政府、市场与大学沟通的平台。政府管理方式进行了如下的改革：首先是加强政府管理的服务意识。政府进行宏观调控，市场进行更加具体的调控。政府不再严格控制大学各方面的活动，而是提供信息与服务，使大学能够把握市场不断变化的需求，更好地与市场进行互动。大学获得信息从政府间接传达转变为直接从市场中获取，缩短了大学与市场的时间与空间距离，提升了效率，增强了真实性。英国高等教育学者威廉斯认为，市场模式使大学主动去适应不断变化的市场经济，具有很大优势。其次是将不应由政府承担的职能交给市场和社会来解决。政府的管理手段根据市场规律进行适当的调整。以大学的经费分配为例，政府不再作为居高临下的管理者对大学发号施令，通过签订合同、契约等市场方式进行大学的经费分配工作，成为积极的合作者。最后是凭借市场手段来规范大学的运行。在传统的实践中，政府通常是通过行政指令来指挥大学。随着市场经济的深入发展，出现了各种各样的经济手段。美国和德国摒弃了行政命令的方式，而是通过扩大中央政府投入来加强对大学的影响，推动了现代大学制度的发展。并不是所有大学都从政府投入中得益，然而，政府投入涉及的大学在经费投入范围内，应与中央政府进行积极的交流与沟通。这种制度既坚持了政府对大学的宏观调控，也保障了大学的办学自主权。

六　加强现代大学制度公正性建设

美国高等教育学家阿尔巴特曾高度评价第三方机构在维护大学自主权方面的作用，他说："事实上被证明它是在政府与大学之间保持一定程度分隔的最成功的手段。"① 这对中介组织在建设现代大学制度方面的作用给予了高度的评价。美、英、德三国都意识到社会中介组织具有重要的缓冲功能，在实践中不断完善中介组织，促进大学的改革与发展。美国建立了系统化的中介组织，如大学校长委员会、七大区的基准协会等。由于英国长期以来有着大学自治的传统，1919 年英国成立了大学拨款委员会，是中介组织初期发展的代表。20 世纪 80 年代以来，英国大学拨款委员会改名为大学基金委员会，组织更加完善，管理的事项更加广泛。与此同时，高等教育质量评价委员会等组织在英国民间成立，进一步推动社会中介组织的发展。德国也成立了一些中介组织，如科学与教育审议委员会、大学校长委员会等。② 美、英、德三国在建设现代大学制度的过程中，非常重视不断地完善中介组织，其更加全面而系统。政府在和大学的关系方面，既是领导管理者，又是合作者，具有双重角色。然而，政府拥有管理社会的权力，基于自身的考虑，在需要之时有可能会打破这种互相合作的关系。为了避免政府弱化大学的办学自主权，中介组织就显得非常重要，它能够形成一个缓冲带，使政府对大学的直接管理转变为间接管理，使政府干预大学的行为显得更加缓和，更加容易被大学所接受。另外，中介组织能够了解大学真实的诉求，向政府反映大学的呼声，使政府更加深入地了解大学的需求。

七　自由与秩序：处理好学术权力与行政权力的关系

大学内部管理权力是由学术权力和行政权力两个方面组成的。学术权力与行政权力既有共性，也有差异性。共性即两者共存于大学之中，差异性即两者的价值观迥异，因而遵循着不同的管理原则。在大学的发展过程中，学术权力和行政权力难以达到平衡的状

---

① N/A. Creating a University system for the 21th Century. Report of the State Board of Higher Education's Committee on Employee Compensation. North Dakota University system, 2010 (3).

② Arena, Marika; Amaboldi, Michela, Azzone Giovanni; Carlunni, Paola. Developing a Performance Measurement System for University Central Administrative Services, Higher Education Quarterly, 2009 (3).

态。在某些历史阶段，学术权力大于行政权力，使学校的行政组织不能有效发挥其功能；在另一些历史阶段，行政权力泛化，学术权力日趋式微，使大学不能发挥其学术特征。协调学术权力与行政权力之间的矛盾与冲突，是建设现代大学制度无法回避的问题。美、英、德三国都对该问题给予了充分的重视，并采取了一系列的措施。三国的主要政策导向是协调和统一两种权力，体现在如下方面：①构建大学的学术系统制度。在大学管理中，划分两大系统：学术系统与行政系统，使其权责明晰、划分明确。由学术系统来领导学院或系部等学术机构。学院和系部被赋予了更多的管理权力，使得大学的管理重心下移，强化了学术权力。②构建大学校务委员会管理制度，由董事会领导。大学董事会由大学的利益相关者组成，有三个方面的功能。在大学与政府、社会的关系方面，它代表大学的利益，主要表现为维护学术权力。就这方面而言，董事会协调着大学学术权力与政府管理权力之间的关系。在大学制度的建设中，董事会主要履行行政管理职责，对大学的重大事务拥有决策权，不能直接干涉大学校长领导的校务委员会所负责的具体学术事务。对于董事会来说，这种组织构成使得学术权力与行政权力能够得到很好的协调，和谐共存。这个组织结构中既有代表学术权力的人员，也有代表行政权力的人员，通过协商与探讨，共同管理大学，进行决策。① ③决策中的教授多数制度。教授是大学学术人员的代表，是学术权力的具体化。在大学决策机构的组成人员里，教授的数量有日益减少的趋势，然而，教授仍然具有较大的权力。教授的意见与建议对于决策发挥着重大的影响。在组织的构成方面，实行按比例确定人员数额的原则，但通常教授是不受这一规则约束的。教授在组织中占据多数，是一项根本性的原则。

八　推进大学的民主管理与决策

在现代大学制度的建设过程中，民主管理是必不可少的环节。

---

① Sundstrand, Jacquelyn K. Placing Manuseript an Archival Collections into an Automated Storage and Retrieval System at the University of Nevada, Reno. Journal of Archival Organizaion, 2008 (6).

现代管理的重要原则之一就是民主管理，体现了大学的本质。美、英、德三国大学的民主化管理制度主要涵盖如下方面：一是科学的决策机制。大学的绝大部分委员会建立了委员会集体决策、领导者个人负责的决策机制，一方面体现出委员会负责制在制定政策方面的广泛性，另一方面也发挥了个人负责制执行方面的优势。二是多元化的决策组织成员。大学的各种委员会的决策者属于不同的层级，改变了组织中教授的单一构成。现代大学制度的建设需要这类组织有代表各方的人员，一般按照人员的构成比例来确定委员会成员，而和学生工作有关的组织需要吸收学生代表。多元化的机构成员构成使决策组织的代表性更加全面而广泛。三是下移的管理重心。依据大学的学科专业组织特征，上层的决策权越大，民主化程度也就越低，学科专业的自由度就越小。三国在建设现代大学制度的过程中，不约而同地将管理权力转移至学院与系部，使其具有更多的自主权。四是广泛的咨询机构。在改善决策组织成员构成时，大学的主要决策组织都建立了咨询与参谋部门，对大学的重大决策提出意见与建议。

总而言之，美、英、德三国的国情不同，大学制度的改革与发展表现出不同的特征。然而，三国的情况能够反映出其制度环境的特点。通过认识共性，能够更好地认识大学制度发展的趋势和规律；而通过了解个性，能够借鉴建设现代大学制度的经验，从而有针对性地制定自身的发展模式，对我国现代大学制度的建设具有重大理论与现实意义。

第六章 现代大学制度的
制度伦理构建

> 在学术工作上，每一次"完满"，意味着新"问题"的诞生。学术工作要求不断被"超越"，要求过时。任何有志献身学术工作的人，都必须接受这一残酷的事实。学术研究，或由于本身所包含的艺术性，能够提供人们的享受"满足"，因此可以流传；或是作为一种训练方法，也可以让人有持久的愉悦。[1]

——马克斯·韦伯

我国现代大学自近代移植于西方，发展至今只有一百余年。新中国成立以后，大学的发展经历了曲折的进程。改革开放后的三十多年，高等教育取得了历史性的突破和重大成就，高等教育由精英教育向大众化转变，大学的民主化进程在大力推进，大学的法治进程也在加强，大学的公正理念在大学制度中进一步凸显，制度效率在大学制度变革中得以提升，大学制度伦理价值在日益显现。2015年8月习近平主持召开中央全面深化改革领导小组第十五次会议，审议通过《统筹推进世界一流大学和一流学科建设总体方案》，国家提出了建设世界一流大学的发展战略，会议强调，要全面贯彻党的教育方针，遵循教育规律，以立德树人为根本，以中国特色为统领，以支撑创新驱动发展战略、服务经济社会为导向，推动一批高

---

[1] ［德］马克斯·韦伯：《韦伯论大学》，孙传钊译，江苏人民出版社2006年版，第101页。

水平大学和学科进入世界一流行列或前列，提升我国高等教育综合
实力和国际竞争力，培养一流人才，产出一流成果。要引导和支持
高等院校优化学科结构，凝练学科发展方向，突出学科建设重点，
通过体制机制改革激发高校内生动力和活力。这要求我们要朝着这
个目标坚定不移前进，不断深化教育体制改革。办好中国的世界一
流大学，必须有中国特色。各级党委和政府要高度重视高校工作，
始终关心和爱护学生成长。要全面深化改革，营造公平正义的社会
环境，不断激发广大青年的活力和创造力。教师承担着最庄严、最
神圣的使命，要时刻铭记教书育人的使命，以人格魅力引导学生心
灵，以学术造诣开启学生的智慧之门。

　　会议特别提出了全面深化改革，营造公平正义的社会环境，从
事学术创新，以学术造诣开启学生智慧，为创建世界一流大学和一
流学科打下基础。要创建世界一流大学，需要构建基于制度伦理的
现代大学制度。

　　要实现现代大学的使命，必须建设具有中国特色的现代大学制
度。但是，我国现代大学制度的发生发展是西学东渐的结果之一，
在融入中华文化的基础上，形成了具有中国特色的大学制度。由于
受市场经济趋利的影响，导致了我国大学的学术不端、教育腐败和
教育产业化的功利性现象。这些功利性、有悖于大学制度伦理的现
象，导致了现代大学制度建设中面临的伦理冲突和现实困境，使得
我国的现代大学制度面临诸多挑战，我们必须在反思与探索的基础
上进行现代制度的建设。"仁圣之本，在乎制度而已"。现代大学制
度既包括大学精神、大学理念等无形制度，也包括大学招生制度、
课程模块制度等有形制度。建构现代大学制度需要注重大学伦理精
神的支柱作用。因为只有具备大学伦理精神的现代大学制度，才是
良好的大学制度。现代大学制度的建设必须以学术价值为本、遵循
学术逻辑、明确学术权力，以大学精神为基点，在反思现代大学制
度存在关于学术自由、制度公正、民主管理、制度理性、大学法治
和制度效率等制度伦理基础上，努力发现现代大学制度内外部互动
着的各种关系和大学制度的核心价值，从现代大学制度建构的理

念、原则、路径等层面整体上把握现代大学制度建构。

第一节　现代大学制度的制度伦理构建理念

一　坚守现代大学"学术自由、大学自治、教授治学"的思想理念

我们在对大学发展历史进行回顾以后发现了惊人的事实：近代大学自诞生至现在，学术自由、大学自治和教授治校的大学的文化传统几乎没变，从中世纪大学反对皇权和宗教干预而坚持学术自由，从中世纪大学的管理模式以教师型为中心的大学到教授治校的自治理念，都是为捍卫学术自由的制度理念，大学的发展史本质上是学术自由的发展史。纵观大学发展历程我们可以知道，只要是坚持这些基本理念的大学就会在历史的发展中立于不败之地；反之，大学就会走向衰败。由此我们可以看出，无论什么时候，要举办真正的大学，都必须以这三点作为根本，一旦离开了这三点，所谓的大学就不能算是真正意义上的大学，可能变为职业训练所或者技术研究所。

现代大学制度源于西方。其公认的源头是洪堡在德国建立的大学制度，其发展巅峰是美国现代大学制度。按照康德、施莱尔马赫、费希特、谢林、洪堡等人的大学构想，[①] 德国在 19 世纪初建立了柏林大学，它的建立标志着近代德国大学制度正式形成。"德国大学制度的最大特点或最大优势，是给予了学者充分的学术自由与学术自治权力，为学者提供了'闲逸而好奇的学术环境'。正是得益于这种制度，德国大学成为代表 19 世纪到 20 世纪上半叶世界最高水平的大学。"[②]

学术性是大学的根本属性，哈佛大学前校长普西教授指出：

① 胡建华：《思想的力量：影响 19 世纪初期德国大学改革的大学理念》，《清华大学教育研究》2004 年第 4 期。
② 张俊宗：《德国高等教育改革与建立现代大学制度的探索》，《天水师范学院学报》2003 年第 6 期。

"每一个较大规模的现代社会，无论它的政治、经济或者宗教制度是什么类型的，都需要建立一个机构来传递深奥的知识、分析批判现存的知识，并探索新的学问领域。换言之，凡是需要人们进行理智分析、鉴别、阐述或关注的地方，那里就会有大学。""大学在本质上是一个做学问的场所"①，大学的本质属性在于其学术性，这是它区别于其他行业组织的根本特征。因此，现代大学制度的构建必须坚守学术至上理念。将学术放在首要位置，坚持将学术至上作为现代大学制度伦理建设发展的核心，提倡学术自由、学术平等、学术民主、学术责任和学术道德，将人才培养与学术创新相结合，大学制度建设围绕学术至上，为育人和学术服务。

大学作为高深学问的场所，担负着传承文明和守护大学伦理精神的历史使命，作为一个传递知识、分析批判现有研究并不断开拓新知识领域的社会组织，大学具有人才培养、探究科学知识、社会服务和传承文化的职能，大学的职能决定了大学与其他组织机构的根本区别。大学是探究高深学问、培养高级人才的场所。王洪才说过："现代大学制度它最显著的特征就是诉诸一种价值追求，并以此来把握'现代的'最基本的特征……基于此，探讨大学制度架构的价值追求就是讨论现代大学制度问题中首先要解决的问题"。②

现代大学与古典大学的主要差别之一在于其学术性。古典大学更多的是传承知识、探讨知识，谈不上现代意义上的学术创新。而现代大学基本上就是为了学术而存在的，包括大学制度，也是围绕学术发展起来的。

现代大学制度的机构包括内外两个方面：外部层面的制度涉及大学与政府、大学与社会的关系，大学内部制度即大学自治的各种规范。现代大学制度的核心与大学的学术本质存在一致性，这是构建现代大学制度的思想与理念支撑。"从理论上讲，大学自治

---

① 亚伯拉罕·弗莱克斯纳：《现代大学论——英美德大学研究》，徐辉、徐小洲译，浙江教育出版社 2001 年版，第 4 页。
② 王洪才：《试论现代大学制度建设中的价值导向》，厦门大学高等教育发展研究中心，苏州大学教育学院学术研讨会论文，2004 年。

与学术自由是两个相互联系而又相互区别的概念，反映在大学制度构建上，宏观层面的大学制度更多地反映大学与政府、社会之间的关系，而基于大学是一个'按自身规律发展的独立的有机体'，大学自治是构建现代大学制度注定必须秉承的理念；而大学作为学科生态系统，其内部制度的构建必须继承学术自由的历史和传统。"①

　　哈佛的艾略特指出："在他的领域内是主人。他既可以采用一种纯粹的讲座方法，也可以要求学生翻译、'背诵'或回答问题。他既可以严格课堂纪律也可以放松课堂纪律……他可以竭力陈述自己的观点，但不能独断地把自己的观点强加在哈佛大学，不仅教师享有学术自由，而且学生也享有学术自由。学生有选择学习的自由，有拒绝参加礼拜的自由，有平等地竞争学期奖学金的自由，有选择自己朋友的自由。"② 博克认为，学术自由"值得我们深思，因为这些问题的解决直接关系到大学功能的作用方式及其智力活动的潜在价值"。③ 经验告诉我们，"重大的发现和知识的进步对现存的社会秩序来说经常是一个不稳定的因素……如果我们希望推动社会进步，我们就不能用传统观念对这些人加以束缚，也不能设置其他人为的障碍来抑制创造性思维"。④ 学术自由对大学在创造性思维养成和创新型人才培养上具有重要作用，同时更是现代大学制度的基本理念。

　　博克认为，"政府的干预行为必须证明具有充分正当的理由，符合公众利益的要求，政府必须尽可能少地用侵犯学校学术自主权的方法来实现其合法目标。如果政府官员能够遵守这些条件，那么他们就有权力去纠正严重的错误，有强烈的动机促使教育资源满足

---

① 国家"十五"一般课题《高等教育办学理念与我国建立现代大学制度研究》成果公报。

② 刘宝存：《如何创建研究型大学——牛津大学和哈佛大学的经验》，《教育发展研究》2003 年第 2 期。

③ 德里克·博克：《走出象牙塔——现代大学的社会责任》，浙江教育出版社 2001年版，第 17 页。

④ 同上书，第 32 页。

重大的公众需求。与此同时，每所大学都会具有广泛的自由权利，自行决定如何以最恰当的方式响应外部世界不断出现、不断变化的需求和机遇"。①

世界一流的学术是成为世界一流大学的重要条件。发展一流的学术是世界一流大学的教育的共同外显特征，它们对学术的目标定位十分明确，能够有针对性地通过研究来发展大学学术。一般认为，卓越的研究、顶尖的教授、学术的自由、规范的管理、先进的设施和充足的资金是世界一流大学的几个必要特征。② 忠诚于大学的学术本质，以学术为业，献身于真理，立志于求知是其最重要特征。纵观世界一流大学的发展历程，无论是欧洲著名的牛津大学、剑桥大学、柏林大学，还是当今世界最负盛誉的美国哈佛、耶鲁、麻省理工学院等常春藤大学，都是以学术自由、大学自治和教授治校作为价值理念，以此为根基建设崇尚学术的现代大学制度。我们再看香港科技大学的发展历程，香港科技大学发展至今二十多年，跨越发展创高等教育发展奇迹，一举成为世界一流大学，同样是坚持学术至上的价值目标，营造一流的学术文化氛围和其崇尚学术的制度环境。因此，创建世界一流大学需要崇尚学术的良善制度保障。我们要创建世界一流大学，担负起国家与社会赋予大学的使命与责任，就必须坚守大学学术属性这一根本，建立一个基于大学学术属性的现代大学制度。唯其如此，才能处理好大学与政府、社会、大学及其大学内部治理的各种关系；才能回归大学之本，创设有利于大学学术发展的制度环境；才能创建出世界一流大学，从根本上高质量完成国家赋予大学的使命与社会责任，成为真正意义上的高等教育强国。

教授治学是大学区别于政府、企业运转模式的显著特征。教师是大学的核心利益相关者，是学校发展的主体，教授是一所大

---

① 德里克·博克：《走出象牙塔——现代大学的社会责任》，浙江教育出版社2001年版，第32页。

② 同上书，第68页。

学学术成就的代表及智慧的象征。教授工作在大学的教学和科研第一线，是人才培养、学术研究、学科发展和专业建设的中坚力量。

教授治学关键在于治"学"。治学的内涵很广泛，应该包括治学术、治教学、治学科和治学风。教授委员会是实施教授治学的制度设计，通过大学章程的实施，明确教授治学的内涵、边界和方式，从而实现大学学术本质的回归，让教师真正成为大学的主人。但也应认识到，大学作为一个庞大的教育运作系统，除了学科、科研、学术和学风之外，还包括办学方向的把握、国家政策的落实、办学经费的筹集、党务政务的运转、社会服务的提供、国际间的合作与交流等，这些都超出了治学的范围。教授们的本业和专长就是治学，因此，实施教授治学，绝不能偏离这一根本方向，以至于将教授治学扩大到教授治校，导致教授事务缠身，精力分散，不能安下心来搞学术，造成教授治学无法实施。

教授治学应做到学术权力与行政权力相对分离。对于大学的发展而言，教授治学、学术权力的相对独立运转是核心，但不是大学的全部，大学是一个拥有众多利益相关者的学术组织，在大学的办学过程中，需要协调各种关系，平衡各利益相关者的利益，而教授拥有更多的是学术权力，大学的运行需要行政权力与学术权力共同配合，学术权力的运行还需要行政权力进行调控，所以，学术权力和行政权力只是相对独立。学术权力与行政权力完全分离是不现实的，也是不可能的。在大学中，行政权力和学术权力二者有时候是相互融合在一起的，行政权力中有学术的成分，学术权力中也有行政的内容。两者只能相对分离，行政权力适当介入学术权力，也有利于大学的发展。

在建设中国特色现代大学制度的时候，实施教授治学，应该在人才培养、科学研究、教学、学术发展、学科建设等方面赋予教授们更多的决策权。这正是大学科学决策的客观要求，也是体现教授主体地位、实现民主管理的需要。世界高水平大学都十分重视教授在办学中的重要作用，这是世界范围内的大学在长期的实践中得出的共同宝贵经验。

二 坚持普适性特征与本土化有机结合的伦理实践理念

现代大学与古典大学的分野是德国洪堡创建的柏林大学。现代大学以学术的独立性、大学自治、教授治学、学术为国家服务的精神以及学术的法治原则（即按学术内在规律治理学术的原则）作为核心理念。现代大学制度在保障学术的中心地位、明确学术人员的权利、处理和大学外部的非学术的干预等，各国大学都有一些共同的制度安排和要求。因为这些特征是大学之所以成为现代大学的本质所在，是如遗传基因一样的规定性，这种规定性是具有普世价值和普遍意义的。①

由于各国存在社会经济发展状况、文化传统和历史等差异，世界各国现代大学制度具有各自独特性，也就是说现代大学制度具本土性。从历史的经验来看，没有任何一项制度是可以直接移植过来而不加以改造能成功实现的，都必须与本国国情结合，经过文化和思想观念的创新才能实现。现代大学制度的建设也必然是借鉴国际上先进的大学制度基础上，融入我国社会经济发展的现实元素，使现代大学理念与精神融入本土文化土壤中，进行文化创新，这就是现代大学制度建设中必须坚持普适性与本土化结合的原则，努力建立符合国情的现代大学制度。

我们在建设具有中国特色的现代大学制度过程中，需要围绕大学的学术性这一根本的普世价值，也就是普适性，以大学学术价值为根基，世界各国大学通行的制度是其题中应有之义，也是保障大学自身良性发展的前提。同时，由于国情不同，建设中国特色现代大学制度，还要兼顾中国特色，体现本土性。事实上，现代大学制度命题本身就是中国语境下的概念。因此，它具有鲜明的中国特色。

---

① 鲍嵘：《现代大学制度：大学与国家的共同追求》，《复旦教育论坛》2008 年第 3 期。

第二节 现代大学制度的制度伦理
构建的价值目标

一 强调自由——我国现代大学制度应追求的目的善

马里坦在《教育在十字路口》中指出，教育的目的就是"把他自己塑造成一个有人性的人"，即人的理性的、道德的、精神的能力，而自由是这一切的基础。现代大学承载了越来越多的社会使命，更多地服务于政治目的与国家利益，但是，正如德里克·博克所主张，学术自由、学术自治和学术中立仍是大学发展所必须坚持的基本原则。黑格尔曾深刻指出：精神的一切属性都来自自由，都是争取达到自由的手段，都是在追求并产生自由，自由是精神的唯一真理。克拉克·克尔认为美国高等教育未来的目的首先是训练人力、发展个性。

陈寅恪先生提出"独立之精神，自由之思想"的治学要义，意指人的自由而全面的发展作为高等教育的首要目的是毋庸置疑的。国家的强大源自个体的强大，社会的发展最终只是属于工具性的范畴，是为人的发展服务。自由包括政治自由与思想自由，政治自由是被统治的人使政府适合他们的需要和利益的那种权利，是最重要的自由，是实现其他自由的前提，实现的唯一途径是民主。政治自由在高等教育上的体现主要是在大学自治的基础上，政府、社会、大学、学生、民众可以共同协商管理高等教育；思想自由主要的体现是学术自由，而权力和经济利益控制下的高等院校只是一个依附型存在，不能拥有大学自治与学术自由。

自由就是让大学从本质上认识到它的目的善，从新中国成立初期的政治价值、改革开放以来的经济价值回归到人的价值，回归它本来的主体位置，摆脱政治依附，拥有独立与自由，首先成为一所真正的大学，而不是国家的工具性存在。"大学不是外在目的附属

物，而是自力更生自主建立起来的。"① 改革开放释放的经济自由的
不充分、政治体制改革的滞后、高等教育经费来源的政府主导性，
以及高等教育制度的路径依赖等因素使我国大学仍然没有独立与自
由。当然，绝对的自由是不存在的，政府为了公众利益而对大学进
行必要的约束是可以的，但是这种约束一定是有限度的。一个社会
的强制，应该保持在这个社会的存在所必需的最小限度；一个社会
的自由，应该广泛到这个社会的存在所能容许的最大限度。② 大学
要服务于政治，但是"政治化永远不能发展到教育和权力混合的程
度"，理想的现代社会应存在三个独立的系统：政治权力、经济生
产、知识传承，这才是平衡、稳定、可持续的社会。

二　加强民主——我国现代大学制度需秉持的行政伦理

我国的高等教育改革从未停止，从高等教育供给的多元化、高
等教育资金的多样化到向海外教育机构开放中国教育市场等，这些
都在改变着高等教育，伴随着多样、复杂的高等教育环境，政府构
建新的管理框架迫在眉睫，关键是高等教育的集权走向分权、民
主，让现代大学制度中的大学自治、学术自由等民主成分真正融入
中国高等教育制度，而这就涉及政治体制改革。如哈耶克所说：
"民主本质上是一种手段，一种保障个人自由的实用手段。而独裁
必然消灭民主，因为独裁是强制推行各种理想的最有效工具。"③ 政
治体制改革是彰显人的自由、独立，解除各种限制性因素的最为重
要的一步，当政治上的束缚一旦打破，那么将会为独立人格的形成
产生强劲的推动力，改革开放中经济制度的变革已经为政治体制的
变革奠定了基础。科恩指出："只有以民主方式管理社会时才能充
分实现社会自主——人与人相互关联的个人生活中的自主。只有在
民主政体下，全体社会成员才能拿出自己的规则来管理共同事务，

---

① 高明、史万兵：《麻省理工学院创业型大学之路及对我国的启示》，《东北大学学
报》（社会科学版）2012 年第 2 期。

② 王海明：《自由：社会治理的最高原则》，《玉溪师范学院学报》2007 年第 4 期。

③ 哈耶克：《通往奴役之路》，中国社会科学出版社 1997 年版，第 71 页。

并将自己置于这些规则的约束下。"①

我国高等教育制度伦理民主实质是高等教育制度的行政权力、学术权力与学生权力、民众权力的合理分配，协调各种权利关系以期形成互相制约的均衡关系。学生作为高等教育的首要受益者，拥有较大的权力，对课程的选择直接影响学科发展；教师主要拥有学术权力；政府对高等教育的介入会更加深化，发挥宏观的指导作用，而不是直接管理；各种社会团体是大学内部权力的组成部分。这些权力实体会共同支撑大学的权力机构，会避免权力的集中而导致的失衡，使每个利益集团在满足自我利益的同时，让渡一定的利益给其他利益实体，最终实现利益的均衡状态。集权走向分权的过程，也是政治体制改革的过程，是高等教育制度伦理的民主价值形成过程，是政府为大学行政机关服务、大学行政机关为教师服务、政府与大学为学生和社会服务的循环服务民主管理体系的建立过程。

三　彰显公正——我国现代大学制度欲体现的社会伦理

柏拉图在《理想国》中从两个方面论述了教育公正的含义：一是使每个人特有的能力得到发展；二是个人的能力应该以有益于整个国家的方式去发展。第一方面的英才主义即精英教育曾经备受赞许，以罗尔斯为代表的伦理学家现在强调的是公正的第二个方面，公正是确保那些处境最不利的人获得教育机会，认为教育公正取决于分配权力与义务的制度公正。公正，也就是公平、正义，教育公平是社会公平价值在教育领域的体现和延伸。"我国是现代大学后发国家，现代大学制度的公正性一直是我们所期盼的，但至今仍存在诸多不尽如人意之处。"② 2003 年胡锦涛提出科学发展观以后，才开始把促进公平作为国家的基本教育政策，开始公平与效率兼顾的价值取向；《教育规划纲要》把"促进公平"写进教育改革与发展的 20 字方针，把教育公平作为社会公平的重要基础。

我国高等教育制度的实践长期以"效率优先，兼顾公平"为指

---

① ［美］科恩：《论民主》，商务印书馆 1994 年版，第 274 页。
② 别敦荣、徐梅：《论现代大学制度的公正性》，《山东社会科学》2012 年第 8 期。

导原则，公正在社会的温饱阶段只是作为社会价值之一，远未上升到首要价值，结果是带来了效率与竞争，同时大量的高等教育不公平的现象出现。被誉为"经济学家良心"的阿马蒂亚·森认为：市场的成就深深地依赖于政治和社会安排，市场机制成功的条件就是所提供的机会可以被合理地分享。① 市场对效率的贡献是不可怀疑的，但是，效率结果并不保证分配公平，市场的深远影响必须通过公共政策中促进普通民众的社会机会扩展来补充，对高等教育而言，也就是由政府建立公正的补偿机制，由市场保障效率。政府的关键性的制衡作用就在于将公正视为高等教育制度的首要德性，应更多地保障弱势群体的受教育权利，借助高等教育来缩小社会分层所带来的贫富差距。

我国高等教育制度伦理的维度要打破把高等教育制度伦理看成割裂的、非此即彼的单维度的价值取向的观点，在传承历史的基础上，客观分析现实，寻求一种综合的、多元的、辩证的思路。在以教育规律和学术逻辑为前提，维护大学的自由、独立的目的善的基础上，体现政治的工具善；在通过民主协商让多数人的利益能够保障的基础上，实现国家对高等教育的宏观调控；以市场提升高等教育效率与质量，以政府保障公正的最终价值。其目标是促进自由、民主、公正等高等教育制度伦理的多元维度的共同发展，这是多元维度之间的均衡与非均衡的动态博弈过程，最终这些维度在发挥它们各自作用的基础上实现均衡。

第三节　现代大学制度的制度
伦理构建的路径

建设现代大学制度是我国高等教育改革与发展的应有之义。

---

① 李正彪：《简论阿马蒂亚·森理论对中国反贫困的启示》，《中国青年政治学院学报》2003 年第 21 期。

《教育规划纲要》明确提出，要推进政校分开、管办分离；落实和扩大学校办学自主权；完善中国特色现代大学制度。组织现代大学制度改革试点。研究制定党委领导下的校长负责制实施意见。制定和完善学校章程，探索学校理事会或董事会、学术委员会发挥积极作用的机制；全面实行聘任制度和岗位管理制度；实行新进人员公开招聘制度；探索协议工资制等灵活多样的分配办法；建立多种形式的专职科研队伍，推进管理人员职员制；完善校务公开制度等，在诸多省份、不同类型的大学中开展了试点工作。本书将聚焦大学制度的内外部规律，从现代大学制度建设的目标、平衡自由与秩序、促进大学法治几个方面探讨我国现代大学制度的构建路径。

一　促进德性养成：现代大学制度构建的正义之维

高等教育哲学认为，大学教育具有促进学生内在精神生命成长的价值，本质在于促进学生的个体发展与人格形成，其基本目标是"培养有修养的人"，亦即是促使人的心灵转向，求真至善，拥有理性。

大学的主体是大学人。"大学人"包括教师、员工以及学生。大学教育是大学基本活动的概括，即"大学人"逐步丰富自身知、情、意、行，彰显"大学人"求真、向善、趋美的生命属性过程，也包括"大学人"以自身的理念、思维方式、审美情趣、价值取向及其知识积累引领自身及社会全面自由发展的过程。现代大学的重要职能之一是培养人才，促进人的自由发展。人的自由发展中，德性养成是大学教育的重要目标。同时，大学还是研究高深学问的场所，高深学问是研究高等教育的逻辑起点。那么，人们为什么要研究高深学问呢？高深学问的归宿在哪里呢？高深学问与人的德性存在什么关系呢？智性须与德性相伴，德性是大学自身特质的重要体现，德性为智性的发展保驾护航。

纵观现代大学 1000 多年的演变发展，大学在人才培养上强调培养有教养的人，即对大学人实行德性养成，因为，人们认为德性养成比具有高深学识更重要，在教育过程中，采用自由教育的方式进行德性教育，彰显了自由教育的理念。先哲们的核心思想都强调获取知识和发展智慧是教育的唯一和最高目的，反对教育有其他的诸如为从事某种职业做准备的功利主义，① 到了中世纪，自由教育主要在"自由七艺"中得到集中体现，但这时的"自由七艺"却已经与古希腊亚里士多德时代的自由教育的含义有了区别。此时的自由教育是依附于基督教教义之上。

14 世纪以后，文艺复兴运动兴起，要求回归到人性教育，提倡人的自由发展，对基督教神学教育进行了批判和揭露。在教育方面主张自由教育，其中比较有影响的是纽曼（John Henry Newman, 1801—1890），他曾对自由教育进行经典的阐述，第一次明确提出了自由教育的目的就是造就有教养的绅士。他在《大学的理念》之"知识本身即为目的"一章中明确提出："自由教育造就的不是基督教徒，也不是天主教徒，而是绅士。""绅士是一个从不伤害别人的人"，② 是"有文化修养"、"具备思想和行为上一切优良品行"的人。大学是"一个传授普遍知识的场所"，"大学的光荣在于培养完全有教养的人"，"培养有文化修养的人是教育的真正的也是唯一的目的"。③ 纽曼强调自由教育追求的是个体的自由的心灵状态，知识传授的是自由知识，自由知识有助于人的心智发展，而心智的发展是自由教育的过程和目标。"自由教育和自由探究就是心智、理智和反思的操作活动。"④ "理智不是用来造成或屈从于某种特殊的或偶然的目的、某种具体的行业或职业抑或是学科或科学，而是为了理智自身而进行训练，为了对其自身固有的对象的认识，也是为了其自身的最高修养。"⑤

在培养绅士的德性教育目标思想指引下，构建现代大学制度应该以德性养成为目标。且将其贯穿在大学的人才培养目标中，就是

---

① 孙承武：《聚焦全球十大名校：全球十大名牌大学智慧》，京华出版社 2003 年版，第 131 页。

② John Henry Newman, *The Idea of A University : Defined and Illustrated*, Routledge/Thoemmes Press and Kinakuniya Company Ltd, 1994. p. 120.

③ Ibid. .

④ Ibid. .

⑤ Ibid. .

强调人性教育，以实现人的自由发展为终极目标，坚决摒弃功利性和实用性的教育。

要实现现代大学制度的德性养成目标，必须营造正义的制度，形成良好的生态环境，发挥正义的制度对德性养成的价值导向，使现代大学制度成为德性养成的制度平台。德性养成必须在现代大学制度所形成的生态环境中最终提升和完善才得以实现。因此，现代大学制度建设中必须坚持制度正义，以此来促进大学人的德性养成。

建设德性养成的生态环境，促进大学人德性养成是现代大学制度建设的重要使命。罗尔斯就特别强调美德培养的环境条件必须在一个正义的社会中来培养道德美德。而"正义社会"是"一个被设计用以发展它的成员们的善，并由一个公共的正义观念有效地调节着的社会"。① 正义的制度环境是促进德性养成的外部条件，也是必要的前提和必要条件。德性养成是一个具有良好文化生态环境中熏陶体验的过程实现，需要由制度正义作为动力之源。假如缺失正义精神，德福相悖，讲公德、正义的人得不到奖励反而受到打击，那么德性养成将成为一句空话。制度正义是德性养成的不可或缺的条件，在现代大学制度建设中，必须营造正义的大学制度环境，形成积极向上的学术环境。

正义的现代大学制度对德性养成具有价值导向作用。"学校中的制度具有道德教化的价值。"② 大学制度作为客观存在的为大学发展提供保障的方式，在处理大学内外部关系、人才培养目标和大学的民主与法治建设中具有的正义价值和原则，对大学人的行为价值选择产生深远的影响，恩格斯认为制度正义一直是"各社会中基本的、有机的、统治的、最高主权的原则……用来衡量一切人类行为的标准，……在任何冲突下人们所诉诸的最高裁判官"。③ 制度正义"正是在一定的意识形态指导下建立起来的，是一定的价值观念、

① ［美］罗尔斯：《正义论》，何怀宏译，中国社会科学出版社 1988 年版，第 14 页。

② 戚万学、唐汉卫：《学校德育原理》，北京师范大学出版社 2012 年版，第 256 页。

③ 《马克思恩格斯全集》（第 18 卷），人民出版社 1965 年版。

伦理精神的实体化、具体化，作为社会制度主要内容的规范体系实际就是实现价值的规范体系"。① 制度正义可以指引着人们树立起与正义价值一致的正义感、公正、公平等情感气质。

当今社会是一个充满价值多元的社会，尤其是大学走向社会的中心，大学人势必面临众多的诱惑，带来了大学每个个体的动机和利益差异，所以，大学德性精神的养成离不开制度正义所提供的制度供给和保障。罗尔斯说："一个正义观念，假如它所倾向于产生的正义感比另外一种正义观念所产生的正义感更强烈、更能压倒破坏性倾向，并且它所容许的制度只产生更弱的做不正义的事的冲动和诱惑，它就比后者具有更大的稳定性。"② 正义制度可以成为个体行为的制度支持和平台，增强其符合德性的行为的稳定性和连续性，并逐渐内化，成为个体美德的自律行为。因此，正义的现代大学制度也就成为德性养成制度平台。因此，要想培养大学人美德，树立优良的德性公共秩序，在建设现代大学制度时就要提供正义制度的平台，公正地分配利益和调节矛盾，以制度的引导力和约束力为德性养成的实现保驾护航。

二　走向有秩序的自由：协调合理的大学内外部各种关系

著名政治学家卡尔·施密特对政治转型有过一段著名的论断："传统政治的主体是国家，现代政治的主体是人民。"他的论断深刻揭示了现代政治转型的两个最重要的范式。一是政治秩序建构主体的转换。传统政治向现代政治转型，使得以国家为政治载体的秩序的建构向"人民"获得政治的合法性转移。二是政治发展核心价值的转换。传统的通过政治来建立秩序的价值追求转变为对政治自由的追求，政治的核心价值不再是通过建立秩序规范对自由进行约束而在于人类通过政治来获得自由。③

卡尔·施密特的论述给我们的现代大学制度建设提供了一个新

① 宋增伟：《制度公正的抑恶扬善功能》，《学术论坛》2006年第5期。
② ［美］罗尔斯：《正义论》，何怀宏等译，中国社会科学出版社1988年版，第15页。
③ 刘海涛：《从秩序到自由：政治文明之传统性到现代性的价值转换》，《南昌大学学报》（人文社会科学版）2007年第3期。

的视角。建立现代大学制度也可以像政治转型那样，回归大学之道，坚守大学的学术本质，实现以国家为政治载体的秩序的建构向以大学自身为载体的自由的建构转变。显然，这需要像政治转型那样实现两个转换。第一，建构主体的转变。目前我国大学制度建构的主体主要是政府，大学的拨款、专业设置、招生指标和招生工作、教师引进等都是由政府主导。大学只是政府的附庸，大学办学自主权有限，这与现代大学制度的题中之意相去甚远，与现代大学的运行逻辑相悖，在一定程度上扼杀了大学的活力和发展动力。第二，现代大学制度价值追求的转变。由于受历史原因和现实政府控制的影响，我国大学一直由政府主导，大学重科学轻人文精神的培养，是以工具理性为指导，价值理性缺失，过分强调大学社会责任，政府过多干扰大学内部事务，偏好大学办学的政治需要。

加强中国特色现代大学制度建设，需要构建大学内外部的各种新型关系，完善大学内部治理结构，实现国家提出的建设世界一流大学和一流学科的目标，培养更多高素质人才，加快实现我国的人力资源强国建设步伐。

1. 制度创新发展：建立政府与大学间的新型目标管理关系

政府对大学管理过多过细的现状与大学依法自主办学的价值目标是影响现代大学制度建设的"瓶颈"。重构政府与大学间的新型目标管理关系是平衡两者之间冲突的关键。受计划经济体制的影响，我国目前政府对大学的现状是"政府管得过多"、管办不分、校政不分，学校被管理得过死，大学的学术尊严得不到弘扬。在大学与政府的关系中，大学处于相对"被动"状态，政府起到主导作用，在主导大学的发展，大学的办学自主权有限，比如大学的专业设置、招生计划、学科建设和生均拨款等都是由政府主导。需要政府重新进行角色定位和职能转变，需要政府简政放权，按照党的十八届三中全会精神推行权力清单制度。①

---

① 建设中国特色现代大学制度课题组：《建设中国特色现代大学制度的四个问题》，《中国高等教育》2014 年第 20 期。

在建立现代大学制度的过程中，需要政府有所作为，政府主要进行宏观调控，在高等教育的布局、拨款、高等教育发展的规划、教育公平等方面进行整体把握，做到归位，而不越位。这就需要简政放权，做好减法，减少对大学的微观方面的控制，将大学应有的各种权力还给大学，创设适合大学发展的外部环境，在做好减法的同时，还要注意职能的转变。政府在现代大学制度建设中要找准定位，将不该属于政府控制的权力下放和转换，比如大学的专业设置、招生计划和人事权等职能交给大学自主处理。政府更多的是在法治层面对大学运行进行指导和引导，保障大学运行经费的投入，引进第三方机构对大学进行评价，切实加强大学法制建设，为大学运行保驾护航。

2. 加强民主善治：完善大学内部治理结构

完善的大学内部治理结构是建立现代大学制度的关键之所在，它与现代大学制度息息相关。在内部治理结构中最为核心的关系是书记和校长的关系，这是建设现代大学制度必须正视的现实，其实质就是现代大学制度中权力的配置问题。因为书记和校长的关系直接影响大学的决策和未来发展方向，如果大学的书记和校长存在较大的分歧甚至冲突，会给学校的发展带来较大负面作用，当然如果二者的关系融洽无疑是有利于大学的发展。那么，如何协调好书记和校长责任或者权力关系，把握好各自的角色定位。要解决这个问题，就要借鉴世界一流大学的制度模式，合理分配书记和校长的权力。

在大学内部治理结构上，还要处理好行政权力和学术权力的关系。行政权力和学术权力是存在于高校中的两种基本权力，行政权力在高校的过度和不当使用一直受到学者诟病，一些偏激的学者更是倡导取消高校的行政权力。正确处理行政权力和学术权力的关系必须澄清一个认识误区，即大学是一个特殊的组织机构，大学规模越庞大，机构越复杂，就越需要科学化的行政管理。取消大学的行政化，并不是取消大学的行政，而是不用行政化的方式去管理学术。因此，在大学章程的制定中，要明确地界定行政权力和学术权力的关系，学校行政要转变职能，服务于学校的人才培养、科学研究、社会服务、文化传承等核心办学功能，要充分发挥教师在学科建设、科学研究、学术评价等学术管理事务中的主体性作用。大学章程要确保大学中的两种权力，即行政权力和学术权力的各自定位，做到各司其职，使大学运行按照高等教育规律运行。

要处理好学校和院系的关系。依据高等学校的组织架构，我国高校基本实施校院两级管理的体制。长期以来，学校这一层级管得过多、过死，存在着一定程度的大学内部管理体制僵化和效力不强的问题。在大学章程的制定中，理应构建新型的校院两级管理体制，实现学校管理重心下移学院，突出学院的办学主体地位和学术自治权。具体而言，在学校层面应倡导对学院的宏观管理、目标管理、敦促执行、检查监督。机关部门应积极转变职能，实行重心下移，加强扁平化、模块化管理，充分调动院系的积极性、主动性、创造性，让二级学院在现代大学制度建设中起到重要的作用，展现出应有的活力。

要处理内部治理与社会参与的关系。大学不是孤立的系统，其内部系统需不断与外部环境进行信息与能量的交换。纵观大学的发展史，一所大学发展的水平越高，社会参与的程度就越高，大学内部治理和社会参与的关系就越和谐。在大学章程的制定中，要妥善地处理大学内部治理和社会参与的关系。既要保证社会力量对大学发展的决策咨询和支撑保障作用，又要保持大学的相对独立性，使其成为人才培养、学术发展的象牙塔。大学要加快建立理事会或董事会，吸收企业代表及社会相关人士参与学校重大事项的咨询和决策，扩大社会参与的广度与深度，提高大学的办学效益。

3. 完善现代大学制度建设中的第三方机制，发挥好社会资源在现代大学制度建设中的独特作用

第三方机制在国家治理体系和治理能力现代化进程中，发挥较好的作用，可以为建立现代大学制度提供良好的借鉴。其实质是大学与社会的关系问题。要建立现代大学制度也要发挥第三方机制的

作用。

首先，合理利用和引导社会评估。目前我国的社会评估机构和评估的结果对于高等教育的发展有着积极的作用，为人们认识大学打开一扇窗户，例如，现在社会发布的大学排行榜，在一定程度上引导大学的发展方向，但是不可否认，现在的大学排行榜都是基于本身的需要进行各种指标设计，各种排行榜存在较大的差异，需要进行科学的研究，设计合理的指标体系，使之成为现代大学制度建设的主要方式，在当前我国大学的转、办、评改革中发挥积极作用。

其次，拓宽社会资金渠道。从世界大学经费收支的情况来看，政府拨款在大学的运行经费的比例在逐步下降，也就是说，大学发展的经费除了政府拨款以外，更需要社会资金的赞助，尤其是大企业的加盟，对大学的经费投入产生积极的影响。需要在建设现代大学制度时充分设计大学的资金收入分配制度，注重吸引社会资金进入大学进行办学，以此增强大学的活力。

三　推进大学法治：以大学章程建设为引擎

大学章程的建设对依法治校具有基础性意义。大学章程是一所大学的"根本大法"，也是大学的"名片"，它承载着大学的办学理念、大学精神、教育思想和奋斗目标。《教育规划纲要》指出，要大力推进依法治校、依法办学，建立符合法律规定、体现自身特色的学校章程和制度。2011 年教育部出台的《高等学校章程制定暂行办法》规范了大学章程的要求。希望以此为契机，通过章程建设厘清大学内外部各种关系，根据目前我国大学章程运行过程中的困境，寻找大学章程制定的发展之道，完善大学治理结构，推进大学法治建设。

1. 大力宣传，加强对大学章程价值的认识

大学自身要切实提高对大学章程在大学发展中的价值的认识，让各个利益相关者充分认识大学章程的重要意义。大学本身自觉制定和完善大学章程，让大学章程成为依法治校的法治保障。目前，我国大学章程建设更多还是来自大学外部力量的推动，大学自身主

动进行建设意识还不够，大学自身制定的积极性与大学发展的要求
有一定的距离。从已发布的大学章程看，大学章程没有真正反映大
学自身的历史使命和未来发展的责任，各个大学章程的雷同现象严
重，并没有形成具有大学本身特色的大学章程，导致在大学实践过
程中的指导性不强，可操作性有限，实用性不高。这其中原因复
杂，但是与我国长期以来大学运行缺乏章程指引有着十分密切的关
系，也与我国依法治校的传统根基不稳固密切相关。因此，需要不
断提高依法治国的认识，完善法制环境，在大学外部，教育行政部
门应该大力推动大学章程建设，依靠外部力量推动对大学章程的认
识。可以采取多种形式加强对大学内部成员对大学章程重要性的认
识，比如学校领导带头学习并宣传大学章程的重要意义；开展多种
学习方式召集大家学习大学章程的价值，全校成员要通过多种形式
加强对大学章程的认识与学习，同时学校要对章程大力宣传，广泛
征集基层人员意见。①

2. 大学章程要突出个性，彰显办学传统和特色

大学章程作为大学的根本大法，除了体现出大学的办学理念、
指导思想、办学体制机制、目标和功能以外，还更应反映出大学本
身所特有的使命、办学传统、办学特色和发展愿景等。也就是说，
大学章程应是一所大学在发展过程中自身的个性和大学一般的共性
相结合的大学法律文本。共性是一般大学所具有的普遍特征，而个
性则反映了一所大学不同于其他大学具有的特色。特色是一所大学
的生命力之所在，大学章程建设正是需要将大学的特色和定位进行
认知和凝练的过程。

第一，各高校应以大学章程建设为契机，对各自的发展定位、
人才培养目标和办学特色进行准确地把握和认知。在确定其发展定
位时，要综合考虑经济社会发展、我国高等教育改革与发展的趋
势、学校本身的区位优势、专业特征和综合实力进行准确定位，不

---

① 周光礼：《重构高校治理结构：协调行政权力与学术权力》，《中国高等教育》
2005 年第 10 期。

可盲目向上进行高层次的目标定位。

第二，在专业发展和学科建设上要把握"有所为有所不为"的原则，结合本学校的特色和优势进行。在大学章程中可以明确学校的专业和学科发展目标，切忌以"高大上"为目标。

第三，各学校在大学章程建设过程中，要以学校的历史发展作为基础，弘扬办学特色和文化传统，加强大学精神和大学文化建设。

第四，政府也应通过政府的力量来引导和鼓励大学在章程建设中体现不同大学的办学理念、大学发展的个性和特色，防止和避免大学章程同一性趋势。

3. 启动大学章程核准的立法程序，提升大学章程的法律效力

要真正实现大学章程的法律效力，必须启动核准的立法程序建设，根据《高等学校章程制定暂行办法》制定大学章程，赋予大学章程名副其实的法律效力，使大学章程真正成为指导和规范大学发展的最高准则。"章程中所规定的内容，不仅对学校内部人员和机关产生约束力，对学校外部有关行政机关及其社会团体都具有约束力。"① 目前由大学自身负责起草、经政府的教育行政部门核准的大学章程，从程序上其法律效力不足，因为，教育行政机构不是国家的立法机关，就导致了大学章程的法律效力薄弱。要提升大学章程的法律效力，必须使核准大学章程的主体上升为国家的立法机构，这样大学章程更具有力的合法性来源，更能体现大学章程的规范价值。其实世界一些国家在这方面提供了很好的借鉴，比如，世界上一些历史悠久的一流大学的大学章程的法律渊源就是当地立法部门的相关法律或者国家最高权力机构颁发的特许状，根本不需经过政府行政机构的核准。因此，在我国大学章程建设中，可以将大学章程的核准权交给权威的立法机构，而非像目前的由教育主管部门核准章程，这样可以确保大学章程具有强劲的合法性。

---

① 鲁晓泉：《我国高校学校章程及制定研究》，硕士学位论文，华东师范大学，2007 年。

4. 推动大学共同治理，建立大学章程监督机制

大学章程在制定以后，如何确保有效执行还必须依赖于独立而有效的监督机制。由于各种原因，我国目前的监督机制不完善，导致执行不能很好落实，如何加强在执行大学章程过程中的监督机制建立，是大学章程建设工作的当务之急。实现共同治理是加强有效监督机制的方式之一，目前我国正处于建设国家治理现代化阶段，可以通过加强大学治理结构建设，吸引更多的利益相关者参与大学治理，对大学章程的执行是有效的方式。有学者把大学治理结构看作是"在多元社会变化中重建力量平衡的一种重要的社会机制，包括建立价值平衡、利益平衡与权力平衡"。① 大学治理结构包括外部治理结构和内部治理结构，在外部治理结构建设中，需要政府、市场和社会的共同参与，在内部治理结构建设中则需要学术权力主体、行政主体和学生等利益相关者共同参与。"所有与高校利益相关者均可以参与民主监督，这对于保障广大普通师生合法权益，建立健全现代大学制度，全面实施依章程自主治校的意义格外重大。"②

首先，通过市场和社会力量建立第三方监督机构，实现对大学章程的制定和执行。其次，政府在大学治理结构的角色转换，由直接监督者转变为间接监督者。最后，让大学教职工和学生广泛参与到章程的制定和执行中来，建立内部监督机制。

5. 强化创新意识，凸显章程的改革精神

目前我国启动的大学章程建设，是高等教育发展与改革的必然，更是高等教育现代化建设的必要手段，对进一步深化高等教育改革具有重要的价值。因此，大学章程的建设和实施要与深化教育改革理念相结合。从世界高等教育发展历程中可以看出，近代大学在诞生以来就伴随大学章程的建设和实施，因此，目前我国推动大学章

---

① 龚怡祖：《大学治理结构：建立大学变化中的力量平衡——从理论思考到政策行动》，《高等教育研究》2010 年第 12 期。
② 许慧清：《大学章程实施的推进策略研究》，《教育发展研究》2013 年第 5 期。

程建设是为了更好地厘清高等教育发展目标定位问题、理顺大学与政府的关系、建立现代大学内部治理结构，以便更好地建构具有中国特色的现代大学制度。有鉴于此，我们在制定章程时，以创新为导向，强化改革精神，要敢于直面那些在高等教育改革和发展中出现的突出矛盾和敏感问题，使大学章程的价值凸显。

6. 规范制定程序，充分体现广泛的多元参与

大学章程制定和发布要吸引大学的众多的利益相关者的广泛参与。充分体现大学各个利益相关者的利益诉求，建立各个利益相关者的利益表达和权力分享机制。唯其如此，大学章程的权威性才能显示出来，合法性的依据才能得到进一步加强，在具体的执行中才会有更强的执行力。

首先，要发挥大学内部教职工和学生的广泛参与的积极性。大学章程建设不能只是一个或者几个职能部门召集几个专家"拍脑袋"而产生，一定是在大学内部教职工和学生共同参与，各自提出宝贵意见的基础上而形成的。因为，大学章程作为大学的指导，对大学的内部治理结构和治理体系进行了重新的设计，对大学的各种制度和规则进行重新分配，一定会给利益相关者特别是内部人员带来很大影响。为了使大学章程充分实现民主，使得制定的章程更客观、科学、合理、公正公平，必须吸引大学内部的广大教职工和学生的积极参与。

其次，要重视政府和社会的参与。大学拥有众多的利益相关者，各个利益相关者对大学的发展起着应有的作用，其中，政府在这些利益相关者中处于最核心地位，对大学的发展起着十分关键的作用。社会也是大学的重要的利益相关者之一，在大学未来的发展与改革中正发挥着越来越重要的作用，例如，第三方评价机构的建设等。这些利益相关者十分关注大学本身的发展和改革，因此，大学章程从制定到实施过程中应该充分体现政府的作用，强调民众对大学的关心和社会的监督作用，与此相对应的应有政府核准、民众听证和社会监督等环节，让大学章程真正成为大学发展的根本指导。在具体实施中，政府的教育行政部门对各个大学制定的章程进行专

家和同行评价和核准；在社会参与与监督方面，大学应在章程制定后举行发布会、听证会，接受社会各界和民众对大学章程提出的意见和建议，使得大学章程在多元主体参与下更具科学性和有效性，这样才能使大学章程更具广泛的民主性和合理性。

结　论

　　现代大学制度是支撑现代大学的存在，维持大学正常的办学秩序，并促进大学职能实现的制度。中国特色现代大学制度以"党委领导、校长治校、学术自由、教授治学、民主管理"为基本特征。现代大学制度伦理发展以民主管理、学术自由、大学自治、兼容并包等大学伦理精神为内核，经历了文艺复兴、启蒙运动、工业革命、信息革命和全球化的发展过程。我国的现代大学制度一定是基于我国特定的社会经济发展需要和基本国情基础上的，同时具有现代大学根本属性的大学制度。我国的现代大学制度是为了解决我国大学发展过程中存在的问题而设计的大学制度安排。这一制度是既与世界现代大学的本质属性、大学精神、大学理念和文化、大学传统等核心要素相承接，又与我国的政治、经济、文化等基本国情相适应的现代大学制度体系，即中国特色的大学制度体系。其主要内容是，大学在政府的宏观调控下，面向社会依法自主办学，民主管理，全面落实大学作为法人实体和办学主体所应具有的权力和责任的一种管理制度，主要由大学的外部治理制度和内部治理制度构成。

　　现代大学制度的伦理指向，即终极善是为了实现大学教育目的，促进人的自由发展，中国特色的现代大学制度伦理建构是围绕自由、公正、民主、自治、法治等品格的伦理建构过程，自由、公正、民主、法治这四种基本价值是我们研究现代大学制度伦理的基本范畴。

　　现代大学制度伦理发展呈现出趋于同质化、开放化和内涵化的特征。

　　中国的现代大学制度是伴随现代大学的诞生而建立起来的，是按照现代大学的精神和理念结合中国基本国情建立的现代大学制度。现代大学制度伦理发展在中国的发生发展融合了西方的制度文化同时又贯穿着中国特殊的国情。现代大学制度伦理在中国的发展历经了清末大学制度的萌芽、民国大学制度的发展、新中国初创的大学制度积极改造和改革开放以来现代大学制度的深入探索等几个阶段。

　　现代大学制度伦理研究所直面的是现代大学制度建设中众多的道德冲突、伦理悖论，所寻求的是这些悖论与冲突的解答方案，加上各个不同时期不同政治、经济、文化环境的影响，这就决定了现代大学制度伦理的建设不可能仅仅依赖历史上曾经出现的某一种伦理学的价值诉求或论证方式，而是随着不同历史时期，不同政治、经济、文化环境的影响，不同的规范伦理类型为相应时期的现代大学制度提供了不同的价值诉求或论证方式。总体来看，现代大学制度伦理的思想渊源主要有自由论、功利论与利益论三种伦理思想。

　　现代大学是现代社会的必然，也是古典大学发展的自然延伸，各国大学制度的伦理演进都要受到历史传统和所处环境的制约。但大学有着本质上相通的东西，即坚持大学自治与学术自由。德国的现代大学制度伦理是遵循"学术自由、大学自治、教授治学、教学与科研相统一"等制度伦理思想，这被视为现代大学共性的基本价值和制度特征。在传统上政府不能直接干涉英国大学的制度建设，大学具有较大的自治权，英国大学制度的发展不局限于政府的调控与监督，而是围绕政府和大学两个方面而展开。美国大学制度伦理发展表现为自治、竞争以及对社会需要迅速反应的能力。它既是美国大学制度伦理的主要内容，也是其必不可少的根基。借鉴和学习德国、英国、美国现代大学制度伦理建设的经验与模式，以学术自由、大学自治作为大学制度的根基，大学进行自主办学，在法律层面规范现代大学制度建设，构建大学办学的多元化主体，通过多种方式完善政府的管理手段，推动中介组织的建设，处理好学术权力与行政权力的关系，推进大学的民主管理与决策。

　　我国现代大学自近代移植于西方，发展至今只有一百余年。新中国成立以后，大学的发展经历了曲折的进程，改革开放的三十多年，高等教育取得了历史性的突破和重大成就，高等教育由精英教育向高等教育大众化转变，大学的民主化进程在大力推进，大学的法治进程也在加强，大学制度的伦理价值也日益显现。由于受市场经济趋利的影响，中国大学的学术不端、教育腐败和教育产业化等功利性、有悖于大学制度伦理的现象，使得我国的现代大学制度面临诸多挑战，陷入伦理困境。我国现代大学制度伦理发展存在的主要问题是学术自由、制度正义、大学法治和大学自治民主等方面的制度伦理问题，即自由与秩序的博弈、大学制度伦理发展中的公正性危机、大学法治不完善和德性伦理的缺失导致在培养自由发展的人的目标上的背离。

　　建构现代大学制度伦理，需要注重大学伦理精神的支柱作用，创造出一个名师云集、兼容并包、人尽其才的良好局面。基于制度伦理视角的现代大学制度建设必须以学术价值为本、遵循学术逻辑、明确学术权利，以大学精神为基点，在反思现代大学制度存在关于自由、公正、公平、民主和法治等制度伦理基础上，践行学术自由、大学自治、教授治学的构建理念，坚持普适性与本土化有机结合的建构原则，在路径选择上努力发现现代大学制度内外部互动的各种关系和大学制度的核心价值，促进德性养成、走向有秩序的自由，以大学章程建设推进大学法治。

附　录

附录1　关于制度伦理视角下的现代
大学制度研究的调查问卷

（学生问卷）

亲爱的同学：

　　您好！感谢您抽出宝贵的时间完成这份调查问卷。这是一项旨在了解制度伦理与现代大学制度的调查。为了比较全面了解我国现代大学制度建设中的现状和伦理困境，恳请您填答本问卷。您的回答对我们十分重要，对于我国高等教育改革和大学制度建设有着重要的参考价值。因此，真诚希望得到您的支持和协助。

　　本次调查将按照《统计法》的要求进行，您所提供的各种材料将严格保密。您不用填写姓名，所有回答只用于统计分析。我们郑重向您承诺此调查问卷为不记名问卷，收集资料只做研究之用，请放心填写。

　　衷心感谢您的支持与合作！

《制度伦理视角下的现代大学制度反思与建构》课题组
电子信箱：jiangxinlan2006@163.com

填答说明：

1. 请在自己认为合适的答案的相应字母上画"√"，有"___"的，请在"___"处填写相应内容；

2. 若无特殊说明，每一问题只能选择一个答案；

3. 您可在"其他"项给出您自己的看法。

一

您的性别：A. 男　B. 女

您的专业：A. 文科类　B. 理科类　C. 工科类　D. 其他

您的年级：A. 大一　B. 大二　C. 大三　D. 大四

您所就读学校的类型：A. 985 工程高校　B. 211 工程高校

C. 一般本科院校

您所属的学科类别：A. 文科　B. 理工科

二

1. 您对学校的人才培养的总体满意度情况是：

A. 非常不满意　　B. 不满意　　C. 满意　　D. 非常满意

2. 您认为学校在人才培养过程中真正做到了以学生为本：

A. 完全不同意　　B. 不同意　　C. 同意　　D. 完全同意

3. 您认为学校对学生的各种思想政治工作很到位。

A. 完全不同意　　B. 不同意　　C. 同意　　D. 完全同意

4. 您认为学校的各项政策很公平公正。

A. 完全不同意　　B. 不同意　　C. 同意　　D. 完全同意

5. 您认为教师对学生的关心非常到位。

A. 完全不同意　　B. 不同意　　C. 同意　　D. 完全同意

6. 您认为大学行政化倾向严重吗？

A. 极不严重　　　B. 不严重　　C. 不确定　　D. 严重

E. 极为严重

7. 您对学校的教学工作非常满意。

A. 完全不同意　　B. 不同意　　C. 同意　　D. 完全同意

8. 您认为学校给学生提供的各种指导和帮助非常到位

A. 完全不同意　　B. 不同意　　C. 同意　　D. 完全同意

9. 你认为学校的管理制度合理。

A. 完全不同意　　B. 不同意　　C. 同意　　D. 完全同意

10. 您认为学生应该参与学校的教学、学生管理和学术服务等方面的决策过程。

A. 完全不同意　　B. 不同意　　C. 同意　　D. 完全同意

11. 学生参与学校的决策和管理有限。(此题为反向选择)

A. 完全不同意　　B. 不同意　　C. 同意　　D. 完全同意

12. 您认为学校在制度建设和政策实施中还存在什么问题,应该如何改革?

对花费了您宝贵的时间,表示深深的歉意。再次感谢您的合作和支持,祝您的事业发展顺心如意!

附录2　关于制度伦理视角下的现代大学制度研究的调查问卷

(教师问卷)

尊敬的老师:

您好!感谢您抽出宝贵的时间完成这份调查问卷。这是一项旨在了解制度伦理与现代大学制度的调查。为了比较全面了解我国现代大学制度建设中的现状和伦理困境,恳请您填答本问卷。您的回答对我们十分重要,对于我国高等教育改革和大学制度建设有着重要的参考价值。因此,真诚希望得到您的支持和协助。

本次调查将按照《统计法》的要求进行,您所提供的各种材料将严格保密。您不用填写姓名,所有回答只用于统计分析。我们郑重向您承诺此调查问卷为不记名问卷,收集资料只做研究之用,请放心填写。

衷心感谢您的支持与合作！

《制度伦理视角下的现代大学制度反思与建构》课题组
电子信箱：jiangxinlan2006@163.com

填答说明：

1. 请在自己认为合适的答案的相应字母上画"√"，有
"......"的，请在"......处填写相应内容；

2. 若无特殊说明，每一问题只能选择一个答案；

3. 您可在"其他"项给出您自己的看法。

一

您现在的职称：A. 教授　B. 副教授　C. 讲师　D. 助教

您的学历：A. 本科　B. 硕士研究生　C. 博士研究生

D. 其他

您的年龄：A. 35 及以下岁以下　B. 36—45 岁　C. 46 岁及以上
D. 51 岁以上

您所任职学校的类型：A. 985 工程学校　B. 211 工程高校

C. 一般本科高校

您在任职学校工作的时间：A. 3 年以下　B. 4—8 年　C. 9—12
年　D. 12—20 年　E. 20—25 年　F. 25 年以上

您所属的学科类别：A. 人文社科　B. 理科　C. 工科　D. 医
科　E. 管理　F. 农科　G. 其他

您是否担任学校行政职务：A. 没有　B. 担任

若担任，您的职务级别是：A. 科级　B. 处级　C. 校级

二

1. 您认为现在学校的学术权力和行政权力的现状是：

A. 行政权力大于学术权力　　　B. 学术权力大于行政权力

C. 二者各司其职　　　　　　　D. 不能确定

2. 您认为在大学制度改革中，学校将管理重心下移有利于学校的发展：

A. 完全不同意　　B. 不同意　　C. 同意　　D. 完全同意

3. 您认为学校的各种制度设计和实施公正。

A. 完全不同意　　B. 不同意　　C. 同意　　D. 完全同意

4. 您认为现在大学的包括学术不端在内的现象是大学评价机制的不完善导致的。

A. 完全不同意　　B. 不同意　　C. 同意　　D. 完全同意

5. 您认为大学行政化严重吗？

A. 极不严重　　B. 不严重　　C. 不确定　　D. 严重

E. 极为严重

6. 您认为目前的学校的学术委员会（教授委员会）发挥了应有的作用吗？

A. 完全没有　　B. 没有　　C. 不确定　　D. 起到一定作用

E. 作用明显

7. 您认为目前学校的大学章程对大学发展的作用：

A. 完全没有　　B. 没有　　C. 不确定　　D. 起到一定作用

E. 作用明显

8. 您认为在大学制度改革和现代大学制度建设中，下列条件的重要程度：

	非常不重要	不重要	一般	重要	非常重要
学术自由理念的确立					
学术权力合理、有效使用					
大学办学自主权的落实					
大学章程的制定实施					
政府有效的宏观高等教育管理政策					
大学内部相关管理制度的改革					
学术氛围					
大学与社会的关系					
大学与大学的关系					
学术交流					

9. 您对目前下列各方面的评价：

	非常不满意	不满意	一般	满意	非常满意
工作条件					
工作负荷					
收入水平					
职业声望					
个人发展前景					
人际关系					
个人学术水平					
学校管理					
学术交流					

10. 您认为现代大学制度建设中还存在什么问题，应该如何改革？

对花费了您宝贵的时间，表示深深的歉意。再次感谢您的合作和支持，祝您的事业发展顺心如意！

附录3 关于制度伦理视角下的现代大学制度研究的调查问卷

（管理人员）

尊敬的老师：

您好！感谢您抽出宝贵的时间完成这份调查问卷。这是一项旨在了解制度伦理与现代大学制度的调查。为了比较全面了解我国现代大学制度建设中的现状和伦理困境，恳请您填答本问卷。您的回答对我们十分重要，对于我国高等教育改革和大学制度建设有着重要的参考价值。因此，真诚希望得到您的支持和协助。

本次调查将按照《统计法》的要求进行，您所提供的各种材料将严格保密。您不用填写姓名，所有回答只用于统计分析。我们郑重向您承诺此调查问卷为不记名问卷，收集资料只做研究之用，请放心填写。

衷心感谢您的支持与合作！

《制度伦理视角下的现代大学制度反思与建构》课题组

电子信箱：jiangxinlan2006@163.com

填答说明：

1. 请在自己认为合适的答案的相应字母上画"√"，有"........"的，请在"........"处填写相应内容；

2. 若无特殊说明，每一问题只能选择一个答案；

3. 您可在"其他"项给出您自己的看法。

一

您现在的行政职务：A. 处级　B. 科级　C. 科员

您的学历：A. 本科　B. 硕士研究生　C. 博士研究生

D. 其他

您的年龄：A. 35 岁及以下　B. 36—45 岁　C. 46 及以上岁

D. 51 岁以上

您所任职学校的类型：A. 985 工程高校　B. 211 工程高校

C. 一般本科院校

您在任职学校工作的时间：A. 3 年以下　B. 4—8 年　C. 9—12

年　D. 12—20 年　E. 20—25 年　F. 25 年以上

二

1. 您认为现在学校的学术权力和行政权力的现状是：

A. 行政权力大于学术权力　　　B. 学术权力大于行政权力

C. 二者各司其职　　　　　　　D. 不能确定

2. 您认为在大学与政府的关系中，学校处于被管理的地位：

A. 完全不同意　　B. 不同意　　C. 同意　　D. 完全同意

3. 您认为学校有很大的办学自主权。

A. 完全不同意　　B. 不同意　　C. 同意　　D. 完全同意

4. 您认为学校的各种制度设计和实施公正。

A. 完全不同意　　B. 不同意　　C. 同意　　D. 完全同意

5. 您认为现在大学的包括学术不端在内等的现象是大学评价机制的不完善导致的。

A. 完全不同意　　B. 不同意　　C. 同意　　D. 完全同意

6. 您认为大学行政化严重吗？

A. 极不严重　　B. 不严重　　C. 不确定　　D. 严重

E. 极为严重

7. 您认为目前的学校的学术委员会发挥了应有的作用吗？

A. 完全没有　　B. 没有　　C. 不确定　　D. 起到一定作用

E. 作用明显

8. 您认为目前学校的大学章程对大学发展的作用：

A. 完全没有　　B. 没有　　C. 不确定　　D. 起到一定作用

E. 作用明显

9. 您认为在大学制度改革和现代大学制度建设中，下列条件的重要程度：

	非常不重要	不重要	一般	重要	非常重要
学术自由理念的确立					
行政权力合理、有效使用					
大学办学自主权的落实					
大学章程的制定实施					
政府有效的宏观高等教育管理政策					
大学内部相关管理制度的改革					
学术氛围					
大学与社会的关系					
大学与大学的关系					

10. 您对目前下列各方面的评价：

	非常不满意	不满意	一般	满意	非常满意
工作条件					
工作负荷					
收入水平					
职业声望					
个人发展前景					
人际关系					
学校管理					

11. 您认为现代大学制度建设中还存在什么问题，应该如何改革？

　　对花费了您宝贵的时间，表示深深的歉意。再次感谢您的合作和支持，祝您的事业发展顺心如意！

参考文献

一 著作类

［1］安德鲁·肖特：《社会制度的经济理论》，上海财经大学出版社
2003 年版。

［2］安东尼·克龙曼：《教育的终结：大学何以放弃对人生意义的
追求》，北京大学出版社 2012 年版。

［3］别敦荣：《中美大学学术管理》，华中理工大学出版社 2000
年版。

［4］伯顿·克拉克：《高等教育系统——学术组织的跨国研究》，王
承绪等译，杭州大学出版社 1994 年版。

［5］陈向明：《质的研究方法与社会科学研究》，教育科学出版社
2000 年版。

［6］德里克·博克：《走出象牙塔——现代大学的社会责任》，浙江
教育出版社 2001 年版。

［7］恩格斯：《反杜林论》，中共中央马克思恩格斯列宁斯大林著作
编译局译，人民出版社 1972 年版。

［8］范富格特：《国际高等教育政策比较研究》，浙江教育出版社
2003 年版。

［9］高兆明：《黑格尔〈法哲学原理〉导读》，商务印书馆 2010
年版。

［10］高兆明：《伦理学理论与方法》（第 1 版），人民出版社 2005
年版。

［11］霍益萍：《近代中国高等教育》，华东师范大学出版社 1999
年版。

[12] 金生鈜:《教育与正义——教育正义的哲学想象》,福建教育出版社 2012 年版。

[13] 康德:《道德形而上学原理》,苗力田译,上海人民出版社 2005 年版。

[14] 康永久:《教育制度的生成与变革——新制度经济学论纲》,教育科学出版社 2003 年版。

[15] 李新、李宗一:《中华民国史》(第二编"北洋政府统治时期"),中华书局 1987 年版。

[16] 刘易斯·科塞:《理念人:一项社会学的考察》,中央编译出版社 2001 年版。

[17] 陆挺、徐宏:《人文通识讲演录》,文化艺术出版社 2010 年版。

[18] 卢现祥:《西方新制度经济学》,中国发展出版社 1996 年版。

[19] 罗伯特·伯恩鲍姆:《大学运行模式》,别敦荣译,中国海洋出版社 2003 年版。

[20]《马克思恩格斯全集》(第 1 卷),人民出版社 1995 年版。

[21] 马陆亭、范文曜:《大学章程要素的国际比较》,教育科学出版社 2010 年版。

[22] 马克斯·韦伯:《韦伯论大学》,孙传钊译,江苏人民出版社 2006 年版。

[23]《马克思恩格斯全集》(第 18 卷),人民出版社 1965 年版。

[24] 戚万学、唐汉卫:《学校德育原理》,北京师范大学出版社 2012 年版。

[25] 钱穆:《中国历代政治得失》,生活·读书·新知三联书店 2005 年版。

[26] 汝信:《社会科学新辞典》,重庆出版社 1988 年版。

[27] 盛庆涞:《功利主义新论——统合效用主义理论及其在公平分配上的应用》,上海交通大学出版社 1996 年版。

[28] 孙承武:《聚焦全球十大名校:全球十大名牌大学智慧》,京华出版社 2003 年版。

［29］孙雷：《现代大学制度下的大学文化透视》，光明日报出版社2010年版。

［30］韦伯：《经济与社会》，商务印书馆1997年版。

［31］王伟光：《利益论》，中国社会科学出版社2010年版。

［32］吴翠丽：《社会制度伦理分析》，东南大学出版社2006年版。

［33］熊丙奇：《大学问题高端访问：体制迷墙》，天地出版社2005年版。

［34］亚伯拉罕·弗莱克斯纳：《现代大学论——美英德大学研究》，徐辉、陈晓菲译，杭州教育出版社2001年版。

［35］杨东平：《艰难的日出：中国现代教育的20世纪》，文汇出版社2003年版。

［36］于文明：《中国公立高校多元利益主体生成与协调研究》，高等教育出版社2007年版。

［37］约翰·范德格拉夫：《学术权力——七国高等教育管理体制比较》，浙江教育出版社2001年版。

［38］张国庆：《现代公共政策导论》，北京大学出版社2012年版。

［39］张俊宗：《现代大学制度》，中国社会科学出版社2004年版。

［40］张维迎：《大学的逻辑》，北京大学出版社2004年版。

［41］周光礼：《学术自由与社会干预：大学学术自由的制度分析》，华中科技大学出版社2003年版。

［42］朱贻庭：《伦理学大辞典》，上海辞书出版社2002年版。

［43］［美］阿克顿：《自由与权利》，候健、范亚峰译，商务印书馆2001年版。

［44］［英］阿什比：《科技发达时代的高等教育》，滕大春、滕大生译，人民教育出版社1983年版。

［45］［英］阿什比：《科技发达时代的大学教育》，浙江教育出版社1987年版。

［46］［英］伯林：《自由论》，胡传胜译，译林出版社2003年版。

［47］［美］布鲁贝克·L.：《高等教育哲学》，王承绪等译，浙江教育出版社2002年版。

［48］［美］弗兰克·富里迪：《知识分子都到哪里去了》，戴从容译，江苏人民出版社 2005 年版。

［49］［德］黑格尔·G.：《小逻辑》，贺麟译，商务印书馆 1980 年版。

［50］［美］克拉克·克尔：《大学的功用》，陈学飞译，江西教育出版社 1993 年版。

［51］［美］罗尔斯：《正义论》，何怀宏等译，中国社会科学出版社 1988 年版。

［52］［美］罗尔斯：《作为公平的正义》，姚大志译，三联书店 2002 年版。

［53］［英］罗素：《西方哲学史》（下卷），商务印书馆 1986 年版。

［54］［英］米切尔：《新社会学词典》，上海译文出版社 1987 年版。

［55］［美］塞缪尔·P. 亨廷顿：《变化社会中的政治秩序》，生活·读书·新知三联书店 1989 年版。

［56］［美］诺思：《经济史中的结构与变迁》，三联书店 1994 年版。

［57］［美］诺思：《制度、制度变迁与经济绩效》，三联书店 1994 年版。

［58］［荷兰］斯宾诺莎·B.：《伦理学》，陈丽霞译，光明日报出版社 2010 年版。

［59］［美］唐纳德·肯尼迪：《学术责任》，阎凤桥等译，新华出版社 2002 年版。

［60］［英］汤因比：《历史研究》（上），上海人民出版社 1986 年版。

［61］［德］武钢、史漫飞：《制度经济学》，商务印书馆 2000 年版。

［62］［英］维特根斯坦：《逻辑哲学论》，转引自段治乾《教育制度伦理研究》，河南人民出版社 2005 年版。

［63］［古希腊］亚里士多德：《政治学》（中译本），商务印书馆 1981 年版。

［64］［英］约翰·亨利·纽曼：《大学的理想》，徐辉、顾建新等译，浙江教育出版社 2001 年版。

[65]［英］约翰·S. 布鲁贝克：《高等教育哲学》，王承绪、郑继伟、张维平译，浙江教育出版社2001年版。

二 期刊论文

[1] 白云伟等：《关于构建现代大学制度的设想》，《山西高等学校社会科学学报》2002年第2期。

[2] 鲍嵘：《现代大学制度：大学与国家的共同追求》，《复旦教育论坛》2008年第3期。

[3] 毕宪顺：《建立现代大学制度：高校管理体制改革的目标》，《山东师范大学学报》（人文社会科学版）2003年第4期。

[4] 别敦荣：《论现代大学制度的现代性》，《教育研究》2014年第8期。

[5] 别敦荣：《我国现代大学制度探析》，《江苏高教》2004年第3期。

[6] 别敦荣、吴国娟：《论大学制度的公正性》，《教育研究》2006年第7期。

[7] 陈德敏、林勇：《初论建设有中国特色的现代大学制度》，《中国高教研究》2001年第3期。

[8] 陈泽亚、刘湘溶：《"经济人"与制度正义初探》，《湘潭大学社会科学学报》2006年第6期。

[9] 程悦、刘赞英、刘兴国：《论大学的学术属性及其本然生存逻辑》，《高等教育研究》2012年第6期。

[10] 董凌波、冯增俊：《我国大学章程制定的困境与出路——基于国内六所大学章程的分析》，《复旦教育论坛》2014年第12期。

[11] 范跃进：《论制度文化与大学制度文化建设》，《山东理工大学学报》（社会科学版）2004年第2期。

[12] 高桂娟：《论建立现代大学制度的时机与紧迫性》，《教育与现代化》2003年第2期。

[13] 高磊、赵文华：《深化"院为实体"改革，推进现代大学制度建设》，《现代大学教育》2003年第5期。

[14] 高新发：《从第一部门到第三部门——论我国公办高等学校转型的制度选择》，《教育研究》2008 年第 3 期。

[15] 龚怡祖：《大学治理结构：建立大学变化中的力量平衡——从理论思考到政策行动》，《高等教育研究》2010 年第 12 期。

[16] 韩法水：《大学制度和学科发展》，《中国社会科学》2002 年第 3 期。

[17] 胡建华：《思想的力量：影响 19 世纪初期德国大学改革的大学理念》，《清华大学教育研究》2004 年第 4 期。

[18] 胡仁东：《大学核心精神：学术自由与大学自治》，《现代教育科学》2006 年第 4 期。

[19] 建设中国特色现代大学制度课题组：《建设中国特色现代大学制度的四个问题》，《中国高等教育》2014 年第 20 期。

[20] 康乃美：《"两个转换"是现代大学制度确立的关键》，《现代大学教育》2001 年第 1 期。

[21] 孔垂谦：《论大学学术自由的制度根基》，《江苏高教》2003 年第 32 期。

[22] 李春萍：《春风化雨：蔡元培与中国现代大学制度》，《高等教育研究》2010 年第 3 期。

[23] 李江源：《高等教育制度创新不足略论》，《教育与现代化》2008 年第 2 期。

[24] 李江源：《略论计划体制下我国大学制度的特性》，《高教探索》2001 年第 2 期。

[25] 黎琳：《中国现代大学制度中的权力制衡问题》，《现代大学教育》2001 年第 1 期。

[26] 李晓波：《以股份制为契机建立现代大学制度》，《中国高教研究》2003 年第 6 期。

[27] 李延保：《高校党委在建设现代大学制度中的地位与作用》，《国家高级教育行政学院学报》2002 年第 2 期。

[28] 梁瑜：《大学生参与高校民主管理的价值和原则》，《教育与职业》2012 年第 5 期。

［29］刘宝存：《如何创建研究型大学——牛津大学和哈佛大学的经验》，《教育发展研究》2003 年第 2 期。

［30］刘海涛：《从秩序到自由：政治文明之传统性到现代性的价值转换》，《南昌大学学报》（人文社会科学版）2007 年第 3 期。

［31］刘明生：《构建中国现代大学制度探析》，《邯郸学院学报》2007 年第 4 期。

［32］罗海鸥：《大学精神的提升与大学制度的创新——全国高等教育学研究会 2003 年年会综述》，《广东技术师范学院学报》2004 年第 1 期。

［33］马陆亭、李晓红、刘伯权：《德国高等教育的制度特点》，《教育研究》2002 年第 10 期。

［34］毛亚庆：《我国高等教育制度创新乏力分析》，《北京师范大学学报》（社会科学版）1998 年第 4 期。

［35］潘敏：《建立我国现代大学制度的内外动因析》，《上海交通大学学报》（社会科学版）2001 年第 4 期。

［36］潘懋元：《走向社会中心的大学需要建设现代制度》，《现代大学教育》2001 年第 31 期。

［37］彭江：《初论现代大学制度的本质及逻辑》，《高教探索》2005 年第 6 期。

［38］朴雪涛：《大学制度创新与 21 世纪中国高等教育跨越式发展》，《高等教育研究》2002 年第 6 期。

［39］茹宁：《人的自由与学术自由——关于学术自由的哲学解读》，《教育评论》2007 年第 1 期。

［40］史秋衡：《西部大开发与现代民办大学制度的建立》，《高等教育研究》2002 年第 4 期。

［41］宋增伟：《制度公正的抑恶扬善功能》，《学术论坛》2006 年第 5 期。

［42］孙海法、朱莹楚：《案例研究法的理论与应用》，《科学管理研究》2004 年第 1 期。

［43］王冀生：《建立有中国特色的现代大学制度——攻坚阶段我国

高等教育体制改革的重点》，《高教探索》2000 年第 1 期。

[44] 王冀生：《现代大学制度的基本特征》，《高教探索》2002 年第 1 期。

[45] 王洪才：《论现代大学制度的结构特征》，《复旦教育论坛》2006 年第 1 期。

[46] 王胙：《知识是打开自由之门的一把钥匙》，《前沿》2007 年第 7 期。

[47] 邬大光：《高等教育规模扩大与大学制度创新》，《现代大学教育》2001 年第 4 期。

[48] 邬大光：《现代大学制度的根基》，《现代大学教育》2001 年第 1 期。

[49] 熊庆年：《制度创新与世界一流大学建设》，《清华大学教育研究》2003 年第 3 期。

[50] 许慧清：《大学章程实施的推进策略研究》，《教育发展研究》2013 年第 5 期。

[51] 杨东平：《浅议中国近现代大学的教育目标》，《高等教育研究》2000 年第 6 期。

[52] 杨东平：《现代大学制度的精神特质》，《中国高等教育》2003 年第 23 期。

[53] 杨望志、熊志翔：《现代大学制度的基本特征》，《佛山科学技术学院学报》（社会科学版）2004 年第 1 期。

[54] 杨运鑫：《大学制度：大学存在和发展的根基》，《辽宁教育研究》2004 年第 1 期。

[55] 叶隽：《中国现代大学制度的构建与蔡元培留学德国》，《德国研究》2003 年第 4 期。

[56] 叶信治：《刚柔相济的现代大学制度浅议》，《现代大学教育》2001 年第 1 期。

[57] 应星：《学术自由内外限度及其历史演变——从〈系科之争〉到〈韦伯论大学〉》，《北京大学教育评论》2009 年第 3 期。

[58] 袁贵仁：《建立现代大学制度推进高等教育改革和发展》，

《国家教育行政学院学报》2000 年第 2 期。

[59] 赵文华:《建立现代大学制度,加快我国研究型大学建设》,《上海交通大学学报》2002 年第 2 期。

[60] 赵文华、高磊、马玲:《论现代大学制度与大学校长职业化》,《复旦教育论坛》2004 年第 3 期。

[61] 赵彦云、宋东霞:《提升大学竞争力,建立现代大学制度》,《中国高等教育》2003 年第 18 期。

[62] 周光礼:《重构高校治理结构:协调行政权力与学术权力》,《中国高等教育》2005 年第 10 期。

[63] 周光礼:《大学的自主性与现代大学制度》,《大学教育科学》2003 年第 4 期。

[64] 周玲:《高校合并与现代大学制度的建立》,《高教探索》2000 年第 4 期。

[65] 朱平:《现代大学制度的制度理性》,《现代教育管理》2013 年第 4 期。

[66] 张剑波:《对民办高校构建现代大学制度的思考》,《北京城市学院学报》2007 年第 1 期。

[67] 张建奇:《民国前期中国现代大学制度的确立》,《大学教育科学》2005 年第 6 期。

[68] 张俊宗:《德国高等教育改革与建立现代大学制度的探索》,《天水师范学院学报》2003 年第 6 期。

[69] 张俊宗:《现代大学制度与我国高等教育改革》,《天水师范学院学报》2002 年第 6 期。

[70] 张维迎:《探寻大学制度创新的突破口——谈北大改革对中国高等教育的意义》,《中国高等教育》2003 年第 3 期。

[71] 张应强:《高等教育创新与现代大学制度的建设》,《深圳职业技术学院学报》2002 年第 3 期。

[72] 张应强、高桂娟:《论现代大学制度建设的文化取向》,《高等教育研究》2002 年第 6 期。

[73] 张智、宗明华:《大学制度与大学理念》,《昆明理工大学学

报》（社会科学版）2003 年第 2 期。

[74] 张祖英、许积年：《对建立我国现代大学制度的探讨》，《清华大学学报》（哲学社会科学版）2002 年第 4 期。

三 报刊类

[1] 王绽蕊：《应以有效大学制度取代现代大学制度》，《科学时报》2008 年 4 月 1 日。

[2] 余翔林：《大学——有大师之谓也》，《光明日报》2002 年 11 月 28 日。

[3] 袁贵仁：《建立现代大学制度，推进高教改革和发展》，《光明日报》2000 年 2 月 23 日。

四 学位论文类

[1] 谷耀宝：《中国特色社会主义制度价值简论》，博士学位论文，中共中央党校，2014 年。

[2] 卢晓东：《联邦政府与美国研究型大学的发展》，北京大学，1995 年。

[3] 鲁晓泉：《我国高校学校章程及制定研究》，硕士学位论文，华东师范大学，2007 年。

[4] 任增元：《制度视野中的大学行政化研究》，博士学位论文，大连理工大学，2012 年。

[5] 王家军：《学校管理伦理论纲》，博士学位论文，南京师范大学，2006 年。

[6] 郑浩：《学术自由视域下现代大学制度的局限性及其超越研究》，硕士学位论文，河北科技大学，2013 年。

五 其他类

[1] 蔡元培：《北京大学一九一八年开学式演讲词》，载《蔡元培全集》（第三卷），浙江教育出版社 1997 年版。

[2] 邓小平：《党和国家领导制度的改革》，载《三中全会以来重要文献选编》（上），人民出版社 1982 年版。

[3] 李猛：《如何改革大学——对北京大学人事改革方案逻辑的几点研究》，载钱理群等《中国大学的问题与改革》，天津人民

出版社 2003 年版。

［4］刘念才、Jan Sadlak：《世界一流大学：特征·排名·建设》，上海交通大学出版社 2007 年版。

［5］王洪才：《试论现代大学制度建设中的价值导向》，厦门大学高等教育发展研究中心、苏州大学教育学院，《高等教育与社会发展学术研讨会论文集》2004 年版。

［6］张百熙：《奏办京师大学堂情形疏》，载璩鑫圭、童富勇《中国近代教育史资料汇编·教育思想》，上海教育出版社 1997 年版。

［7］［美］科斯·R.、［美］阿尔钦·A.、［美］诺斯·D.：《财产权利与制度变迁——产权经济学派与新制度学派译文集》，刘守英等译，上海三联书店、上海人民出版社 1994 年版。

［8］［美］舒尔茨：《制度与人的经济价值的不断提高》，载《财产权利与制度变迁》，上海三联书店 1994 年版。

六 外文文献

［1］John Henry Newman. *The Idea of A University*：*Defined and Illustrated*, Routledge Thoemmes Press and Kinakuniya Company Ltd, 1994.

［2］Arena, Marika：Amaboldi, Michela. Azzone, Giovanni：Carlunni, Paola. Developing a Performance Measurement System for University Central Administrative Services, *Higher Education Quarterly*, 2009.

［3］Brubacher. J. S. *On the Philosophy of Higher Education*, San Francisco：Jossey Bass Publisher, 1982.

［4］Clark. B. . *On Higher Education*：*Selected Writings* 1956 – 2006, Baltimore：The Johns Hopkins University Press, 2008.

［5］Cobban A., B. . *The Medieval English Universities*：*Their Development and Organization*, London：Methuen&Company Ltd. 1971.

［6］John Rawls. *A Theory of Justice*, *revised edition*, *Cam bridge*, Massachusetts：The Belknap Press of Harvard University, 1999.

[7] Bathara Bagilhole. Too Little Too Late? An Assessment of National Initiatives for Women Academies in the British University System, *Higher Educationin Europe*, 2000.

[8] Ellgel, Arthur. The University System in Modern England: Historiography of the 1970' s and Opportunities for the1980' s, *Review of Higher Education*, 1980.

[9] Sundstrand, Jacquelyn K. placing Manuseript and Archival Collections into an AutomatedStorage and Retrieval System at the University of Nevada, Reno, *Joumal of Archival Organizatlon*, 2008.

后 记

2011年12月，我进入山东师范大学教育学院博士后流动站从事博士后研究，有幸成为戚万学教授的学生。在研究期间，经过与导师的反复商讨，最终决定以"现代大学制度伦理研究"作为博士后报告的选题。

经过三年多的艰苦研究，基本完成了预期的研究设想，并于2015年11月顺利通过答辩。本书就是在博士后出站报告的基础上修改而成的，同时本书是我主持的中国博士科学基金面上资助项目"制度伦理视角下现代大学制度的反思与构建"的最终成果。

值此书稿出版之际，首先要衷心感谢的是我的导师戚万学教授。跟随戚老师从事博士后研究是我的幸运。在博士后研究期间，戚老师给予了我极大的帮助。我在"现代大学制度伦理研究"领域的许多思路和观点都得益于导师的悉心指导。没有戚老师的激励和指导，也就没有本书稿的完成。

本书稿的完成，离不开众多老师的指导。掩卷思索，心头涌出太多的感动和难忘……

山东师范大学教育学院院长的唐汉卫教授、副院长冯永刚教授、赵昌木教授，山东教育科学研究院张斌教授，山东师范大学艺术学院副院长王桂升教授等，对我的出站报告提出的修改意见，令我感激不尽。

感谢山东师范大学的高伟教授、于天龙教授在进站开题报告中给予我的答疑和指点，让我没齿难忘，在此献上衷心的感谢！

感谢山东省九三学社副主委、济南大学教授宋尚桂博士，济南大学徐梅博士，济南大学教育与心理学院党委书记王希普教授、副书记孙翔玲，济南大学教育与心理学院王玲博士、刘福才博士、李福春博士、谢娟博士、虞宁宁博士、张继明博士、董洁博士、张晓霞博士、卢旺博士、张婷博士，山东女子学院的李云鹏博士，他们在我研究期间给予了大力支持与帮助。

　　光阴易逝，岁月蹉跎。而今回首，从着手博士后写作到今天正式出版，4 年时间已经匆匆流逝。在这 4 年时间也是伴随着思考、写作以及一次又一次的反复修改而不断成长的。由于时间、精力以及个人学术修养的局限，本书出版以后可能仍难以令人满意，必然存在这样或那样的问题，恳请前辈、同行能够给予最尖锐的批评与指正！

　　中国社会科学出版社的刘晓红编辑为本书的出版付出了很多心血，在此表示衷心的感谢！

　　最后，把深深的谢意献给我的家人，是你们的期待和激励让我最终完成了这项艰巨的工作。

蒋馨岚

2016 年 2 月于贵州贵阳